初次接觸司徒偉傑兄的作品，老畢最感興趣的並非作者推崇備至的「全天候策略」（All-weather strategy），而是資產配置（asset allocation）這杯茶，似乎不怎麼對本地投資大眾脾胃，多少有點吃力不討好。既然如此，為何還要「迎難而上」？

帶着這份好奇心，在下重溫了司徒兄部分舊作，當中有幾句話令我恍然大悟：「山重水複之時，能否捱到柳暗花明，端視我們對投資策略的信念、對其背後原理的掌握。」

對策略的信念、對原理的掌握，選定路向持之以恒，大概就是作者明知香港散戶素喜聽消息短炒，也能堅持下去長寫長有的原因。司徒兄說得對，每個人的性格、能力、喜惡都不一樣，好策略若不適合自己，終究猶如鏡花水月，無法持之以恒。搞清楚這點後，不妨先講哪類投資者不適合採用「全天候策略」，老畢認為有兩種：

一、追求極高增長的投資者。

二、時刻對所持有的資產表現牽腸掛肚，不check價不安樂的投資者。

橋水（Bridgewater Associates）創辦人達里奧（Ray Dalio）當初構建全天候組合，用意是在不同經濟環境中都能享受令人滿意的回報，資產配置立足於55%美債，30%美股及15%黃金和其他商品，從以上分布可見，債券比重較股票高出不少。關於這點，司徒兄在書中第二章「資產配置三大注意事項」裏，有一個非常重要的提示。

作者指出，相比傳統60/40股債組合，全天候組合的債券佔比較重，往往令人懷疑其卓越表現是否全賴持續多年的債券牛市，這其實是一個誤會。

「全天候策略」之所以在不同利率周期都有優於60/40股債組合的表現，是因為它有效分散了風險，不受制於個別經濟狀況。債券佔比較重，只是為了平衡股票較大的波幅，令組合風險得以有效分散，並非押注於債券表現較佳。

不受制於個別經濟狀況，正是「全天候策略」的精髓所在。投資者必須從組合層面（portfolio level）去理解每個資產類別在策略中的角色和功能，而不是單方面考量個別資產的回報表現。明乎此，讀者便知司徒兄何以大費筆墨講解債券佔比較重不等於押注債券表現較佳。

懂得從組合層面理解每個資產類別扮演着什麼角色，方能掌握
「全天候策略」的原理及其特定資產配置意欲達到什麼效果。然
而，債券佔比重了，黃金和其他商品又被放進組合，留給股票的
空間自然較小。投資者追求的若是高增長或回報最大化，全天候
組合恐非閣下那杯茶，或應考慮側重於股票的策略。

那麼，誰應採用「全天候策略」？

對應前面那番話，懂得從組合層面理解達里奧設定資產配置時想
達到什麼效果的投資者，自然適合不過。可是，如果閣下希望
以相對簡單的方式享受長遠穩定增長，那麼司徒偉傑自製投資
組合，利用覆蓋股、債（長年期及中長期）、黃金和商品的五隻
ETF執行「全天候策略」，便很值得你參考了。不麻煩，每年進
行一次再平衡（rebalancing），讓每隻ETF的配置比率回歸預設
水平，是投資者唯一要做的事。

司徒兄的專欄叫「資衡合一」，箇中深意值得細味，但「全天候
策略」實踐起來，一點也不複雜；至於是否閣下那杯茶，只有你
自己方能回答了。

畢老林

《信報》「投資者日記」欄主

筆者畢業於香港中文大學新亞書院經濟系，時為1971年，今為新書《鱷王煉金術》寫序，有些意想不到。本書作者司徒偉傑是新亞師弟，2009年畢業，彼此相距38年，竟能互相認識，實屬異數，也或者要多謝中文大學和新亞書院的緊密校友聯繫系統。

語云長江後浪推前浪，一代新人勝舊人，讀司徒學弟的新書初稿，深感此言不虛。筆者1967年入讀新亞經濟系時，經濟系學生開始必修經濟數學，教科書是Alpha Chiang（蔣中一教授）的 *Mathematics for Economists*，老師是來自數學系的朱明綸先生，他嫌書本內容不夠深入，課程內容加入大量微積分，沒想到那時入讀經濟系的學生多是中學文科生（筆者是其中之一），從沒接觸過高級數學，大家讀得死活去來。

今日的大學經濟系不同了，不懂微積分，休想畢業，莫説拿到榮譽了。司徒學弟本科時主修物理，成績優異，其數學認識必然高強，無怪修讀中大經濟學哲學碩士課程時以最佳成績、最佳論文畢業。很多著名經濟學家都是物理系畢業然後轉攻經濟學博士學位的，其中一位便是中大前校長劉遵義教授。中大經濟系 M. Phil 課程對數學的要求很高，課程的校友不少受聘於特區政府及財金機構，例如貿發局前首席經濟師梁海國，渣打銀行前東半球研究

總監兼亞洲區總經濟師關家明,以及近年冒起的曾維謙(關、曾兩人近月受聘加入特首政策組〔中央政策組前身〕)。

司徒學弟也跟着走上師兄的職業道路,2011年拿得碩士學位後,便進入金管局當分析師,一年後轉至財政司司長辦公室、2014年加入智經研究中心,2017年5月投身聯合國,接受世界級挑戰,曾往盧旺達及南韓工作,現駐日內瓦,涉及國際貿易、科技創新、可持續發展等世界性議題,並在餘閒為《信報》寫專欄「資衡合一」。

劉遵義教授當中大校長時,有願景要培養中大生具備服務世界的才能,可以在北京上海、紐約倫敦,東京香港,以至澳洲非洲都可出人頭地,佔一席位。司徒學弟正朝着這個方向走。

在香港,光說理論沒什麼用。香港人很現實,要講實際、實效。筆者三十年來主持過不少次投資論壇,每次經濟師、分析師闡述宏觀形勢,提出大量數據講解,最後聽眾還是要問:「有乜冧巴?」(即是提供股票編號,可以買入的)。

這本新書不講高深理論,只介紹實戰有實效的投資方法,知道這

個方法便不用整天追尋「冧巴」了，可以晚上睡得安樂，不用半夜起床如廁之時打開手機，看看標普500指數急升還是急跌（按：這是筆者的習慣）。

在新亞讀書時，筆者副修財務學，對價值投資之父葛拉漢（Benjamin Graham）的value investing（價值投資）略識之無，後來讀他的著作，發覺一個小散戶若要清楚認知一間value stock（價值股），實在很花時間，犯錯的機率很大，即使僥幸找到了，什麼時候買入賣出、止賺止蝕，很難掌握正確時機（market timing）。筆者畢業後，往泰國讀碩士，避過了1972至1974年間本港股市的瘋狂起跌（恒指升上約1700點，之後高位回落，跌至約150點）；若干年後再遇上香港九七前途談判動盪、佳寧破產風暴（1982至84年）；以至後來的八七大股災、波斯灣戰爭、1997年亞洲金融風暴、2003年沙士、2008年金融海嘯和2020至2022年的新冠疫情等。筆者自1974年回港就業至2021年共48年，經歷了7次股市逆轉，平均每7年便有可能輸個清光，所以筆者能保不失，誠屬僥幸，也令到投資取向日益保守。

這本書介紹的投資模式非常實用，簡單易明。以前本港散戶不易買入美股，現在憑手機便可以上網開戶口買賣，投資容易得多了

（猶記得筆者在1982年任職投資銀行Shearson，上司着令考取芝加哥期貨交易所期貨經紀資格，那些年小散戶難以進門）。

司徒偉傑青出於藍而勝於藍，筆者身為大師兄，自愧不及。坊間的「How to」書很多，但不少都是看過便算（從筆者的經歷而言），惟這本新書確有不同見解，肯定值回書價，筆者誠意推薦。

香樹輝
資深傳媒人

投資是每個人必須學習的技巧，因為每天拚命地工作所賺取的工資，不可能讓這些不勞動的「$$$」舒舒服服在銀行戶口裏安逸地賺取少於通脹的回報。

由於通脹回跌至2%或以下水平的機會不大，所以我們的錢更要努力地投資賺錢。然而，問題是：股市、滙市、債市、樓市在這兩年（2021及2022年）都有震盪，上下浮動幅度大，投資風險不少！

因此，除了要讓我們的「$$$」努力賺錢外，我們也要有一定的策略去保護這些「$$$」。在市場大幅波動的情況下，如何配置「$$$」及分散風險，便是我們在投資中一定要把握的。

《鱷王煉金術》這本書不但詳細解釋了不同投資工具，有關的特性及風險，並分析了配置資產對分散投資風險的有效性及一些誤解，這對投資者是非常有幫助的。此外，書中更介紹了可用作對沖ETF的產品，其中不少我在教授EMBA及MBA課程時都有介紹；當中不少工具，我自己也在投資組合中，用作對沖市場風險。

初認識校友司徒偉傑，他已經是在聯合國工作，並先派駐東非盧

旺達及南韓仁川（現在已調往聯合國日內瓦總部任職）。相較其他年輕人，司徒沉穩冷靜且非常勤勉，準備工作永遠充足，並且會跟隨市場的趨勢及時調整，有着永不歇息的學習精神。樂見司徒的投資心得能結集成書。如前所言，書中的不同投資工具對投資者非常有幫助的，值得大家細讀。

周志偉
泛亞創業投資平台主席
香港中文大學及新加坡國立大學客席教授

自 序

「必有以知天地之恒制，乃可以有天下之成利。」

從小時候對世界充滿好奇，到中學、大學醉心於科學探索，並在畢業後專注研究經濟發展，筆者一直十分熱衷於了解世事萬物的運作原理。每一次的學習、領悟、發現，所帶來的新視點，都令世界變得更加有趣、更加多姿多彩。

大學時期各式各樣的學科、應有盡有的通識課程，不但滿足了筆者的求知欲，更成為培養人文社會關懷的重要養份，漸漸將這個修讀物理、探索宇宙運行法則的冷眼旁觀者，變成一個致力研究如何改善社會經濟制度的參與者。

格物致知　推動可持續發展

因此，經濟學碩士畢業後，筆者便一心想在公營機構工作，希望透過經濟分析及政策研究，令大眾的生活，稍稍變好一些。有幸先後加入金管局、財政司司長辦公室、智經研究中心，參與金融貨幣、人口勞工、公營房屋、退休保障等政策分析及改革工作。期間，除了專注香港的社會經濟情況，亦大量研究外國經驗。最深刻的體會，是很多事情，都非一個地方之力可以成就。近至新冠疫情引起的國際公共衛生問題，遠至自工業革命以來人類造成的氣候危機，都端賴各國合作，方可解決。加入國際機構、成為世界公民的想法，便因而萌生。

機緣巧合下，得悉一些國際機構設有青年專才計劃，便決定一碰運氣，終於在聯合國覓得一缺。第一個派駐的地方，是東非盧旺達。現在回想，當時內心不無掙扎。不過，成長就是要跳出舒適圈。不往外闖，便不會知道世界有多大。於是，先後在非洲盧旺達、亞洲南韓、歐洲瑞士三地工作，涉獵國際經貿、科技創新、可持續發展、數據科技等跨國議題，更深感國際合作的重要。

要數最難忘的體驗，莫過於是國與國之間極不平均的經濟水平。以盧旺達為例，人均收入每年約為800美元，僅為香港的六十分之一。換言之，香港人一年的薪金，是他們一生的收入！雖然盧旺達的經濟快速增長，但要發展成高收入國家，仍有很漫長的路要走。筆者當時的工作，是分析國內的經濟結構，提供政策建議，以推動工業發展及出口貿易，並促進非洲大陸自由貿易協定的落實。

親歷香港退保研究有所悟

多年來的工作，筆者一直思考的問題，是一個地方應如何發展，而國與國之間，又如何可以做到合作共贏。這反思，其實亦適用於個人成長、自我實現，包括定下人生方向、培養專業技能、建立人際關係。雖然生於炒風熾烈的國際金融中心，但理財投資，一向不是筆者心繫之事。直至近年父母準備退休、朋友遇到財務問題，以至親身經歷香港退休保障改革的研究後，如何妥善理

財、規劃投資，漸漸變得貼身、實在。

正如文首引用春秋戰國時代政治經濟學家范蠡所言，必須明瞭天地運作的規律，才可得天下既成的利益。國家發展如是，個人投資亦然。筆者按自己的興趣、專業，透過分析經濟規律，以配置資產，本來只是自然而然。及至日後研究漸多，才發現長遠投資成敗，主要取決於資產配置。

由於坊間偏重選股炒消息、講求買賣時機，缺乏對資產配置的討論，筆者遂有意補白。自2019年9月以來，蒙《信報》惠賜「資衡合一」專欄與讀者交流，便一心希望能夠幫助大眾，自製媲美全球最大對沖基金的投資組合。有鑑於近年市況波動，令人不知所措，筆者特意重編舊稿，增添大量理論基礎及實際操作分析，整理一套高效的投資系統，供大眾參考。

這宗旨一直未變。是為序。

2022年冬　日內瓦湖畔

投資長遠成敗
取決資產配置

想累積財富，「股神」畢非德（Warren Buffett）的建議，是持續買進標普500指數基金。他的理由十分簡單：因為絕大部分的基金長線都跑輸大市。

畢非德甚至曾經設下一個著名的「十年賭局」，向基金經理宣戰。2007年，他打賭在十年內，標普500指數會跑贏對冲基金。對冲基金經理賽德斯（Ted Seides）聞言，欣然挑選了5隻對冲基金應戰。結果，在2008年至2017年，這5隻對冲基金的平均每年升幅，居然不足3%。這在標普500指數的8.5%回報面前，簡直無地自容。

這故事的教訓，是要找到真正有能力的人幫手投資，一點都不比揀中十倍股容易。

既然專業投資者也難以勝過大市，那麼普羅大眾，是否除了瞓身標普500指數基金外，別無選擇呢？非也。世上資產類別眾多，在股市之外，尚有債券、商品、房地產等。即使主動選股的投資方式難以跑贏標普500指數，我們仍可以透過組合不同資產，達到「1+1>2」的效果。

「股債平衡組合」完勝13年美股牛市

以筆者曾在《信報》分享的「股債平衡組合」為例，只要將資金一半購買標普500指數基金SPDR S&P 500 ETF Trust（SPY），另一半買入美國長年期國庫債券iShares 20+ Year Treasury Bond ETF（TLT），表現就已經完勝過去13年的美股大牛市。

2008年環球金融危機過去，美股開展了巨大升浪。由2009年至2021年13年間，標普500指數的每年平均回報為16%，累積回報共579%。換言之，如果在2009年初投資100萬元，到2021年底，一共可以取回679萬元。

當然，在市場信心薄弱、大眾驚魂未定的時候，試問又有幾多投資者，夠膽在2009年瞓身美股呢？即使夠膽買，也不代表可以平穩渡過到這13年的風浪。這時期的重大事件，計有歐債危機、新興市場危機、英國脫歐公投、中美貿易戰、新冠疫情等。事實上，標普500指數的每年平均波幅，高達15%。就算是專業投資者，也難以瀟灑面對，長揸13年。對比之下，「股債平衡組合」的波幅（volatility）僅為標普500指數的一半。以最客觀的回報與波幅比率計算，標普500指數約為1.0，而「股債平衡組合」則高達1.25。在同樣的波幅下，「股債平衡組合」每年平均所帶來的回報，較標普500指數足足高25%。

換言之，只要你將「股債平衡組合」的投資倍大，令其波幅與

標普500指數相若，便會發現其過去13年的累積回報率，高達836%，大幅跑贏標普500指數579%的升幅。誰弱誰強，清楚不過。

「股債平衡組合」完勝13年美股牛市

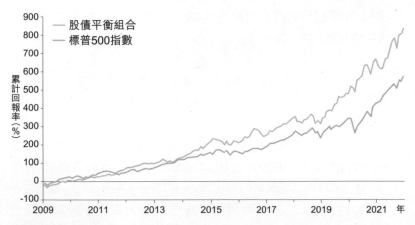

資料來源：Portfoliovisualizer.com。
註：假設股息用作再投資。

這個簡單例子，清楚顯示了資產配置的威力。這就是為什麼眾多國際著名基金都專注資產配置，提升投資表現。例如全球最大對沖基金橋水基金（Bridgewater Associates）、耶魯大學捐贈基金、AQR 資本管理公司等。筆者便是參考這些專業機構的實證研究，特別是橋水基金創辦人達里奧（Ray Dalio）發展的「全天候策略」（All-weather strategy），並融滙經濟學原理，歸納、改良，然後得出自己的投資系統。

達里奧與橋水基金

達里奧，人稱「鱷王」，創辦全球最大對沖基金橋水基金，管理 1400 億美元資產。橋水基金已屹立近半個世紀，開創了多種創新的投資策略及產品，例如「全天候策略」及通脹掛鈎債券。

橋水基金成功的基礎，是達里奧對「知天地之恒制」的追求，即探索通用而不變的規律（timeless and universal principles）。這可見於他幾本重要著作：*How the Economic Machine Works*（解釋經濟機器如何運作）、*Principles for Navigating Big Debt Crises*（分析債務危機演變）、*Principles for Dealing with the Changing World Order*（探討世界格局變化）。同樣為人熟悉的，還有 *Principles for Success*（分享成功要訣）、*Principles: Life and Work*（總結生活和工作經驗）。

要真正理解資產配置的原則，筆者認為必須學習達里奧的思考方式，當中包括美國電動車廠商特斯拉（Tesla）行政總裁馬斯克（Elon Musk）同樣推崇的「第一原理」（First Principle）思維。意思是層層剝開事物的表象、回歸本質，認清事物的運作原理，乃至事物間的因果關係。

一個有趣的例子，是麥樂雞的誕生。話說橋水基金初期的主要業務，是為企業客戶提供風險諮詢，其中一個客戶就是麥當勞。當時，麥當勞有意推出一個新產品：麥樂雞，卻在煩惱雞肉價格波動會影響盈利。由於當時沒有雞肉期貨市場，農場亦不願意以固定價格供應雞隻，麥當勞與雞農便一直僵持不下。

當達里奧了解到飼養雞隻的主要成本為玉米、大豆後，便靈機一觸，想到利用這些農產品期貨，幫助農場對沖生產成本的價格波動風險。這個妙計，終於促成了農場及麥當勞的交易。麥樂雞得以順利問世，達里奧居功不小。

這例子，展示了如何將事物拆解成不同部分，以準確分析其驅動因素及背後風險（driver and risk）。這與一般的量化方式——如相關性分析（correlation analysis）——截然不同。前者旨在釐清事情的因果關係，而後者則只是按歷史數據的變動計算。橋水基金聞名於世的「全天候策略」，便是透過這種思考方式構建。筆者在正文闡述如何建立績效超卓的投資系統時，會進一步解釋。

本書將深入淺出地講解資產配置之道，提供多個改良「全天候策略」的方法，並透過大量實例，幫助讀者度身訂造一個適合自

己、而又能跑贏大市的投資系統。無論你持有 10 萬元還是 1000 萬元，無論你初涉職場或是已經退休，無論你是冒險進取抑或穩健保守，本書的投資系統，都可以滿足你的需要。從此，不再假手於人，重新掌握自己的投資，享受穩定的資產增值。

附理財試算表　籌劃財務自由

全書共分為五部分：第一章解釋資產配置為何較傳統投資方法為之優勝，並助你訂立目標，找出適合的投資策略。第二章揭開「投資聖杯」的奧秘，深入講解資產配置及分散風險之道。第三章進入實戰階段，從零開始，教你自製投資組合。第四章則拆解如何利用經濟及債市周期，進一步提升投資表現。最後，第五章說明如何按不同人生階段及個人需要，持續檢討及調整投資規劃，涵蓋再平衡策略、回報序列風險應對方法等重要議題。

此外，筆者特意設計了一套理財試算表「全天候財務自由規劃」及教學影片，和大家計計數，分析需要多少時間才可達成夢寐以求的財務自由，另輔以實用網站及參考書籍推介，幫助大家進行全面的理財規劃。為了有最好的閱讀體驗，請以 Google Sheets 使用試算表。

對資產配置不熟悉的讀者，可按部就班，順序閱讀各篇章，並透過一些簡單練習，逐步建立適合自己的投資計劃。各種常見問題，例如是如何訂立財務目標、設計投資組合、評估所需要的時間及可行性、因應投資表現調整部署，都會詳細講解。

本書一切內容，以務實為要，從策略基礎到進階戰術，讀者都能夠即讀即用。完成這實戰指南後，讀者每月只需花上數小時，即可做到媲美全球最大對沖基金的高效資產配置。再也毋須為投資煩惱，終日為股市上落誠惶誠恐。

目　錄

投資，不是為了與別人鬥錢多，而是在於滿足自己的需要。

明白哪一套方法，並配合自己的性格、能力、喜惡、需要，投資才會無往而不利。合適的，就是最好的。

資產配置 輕鬆達到財務自由

1 為什麼資產配置適合你？

選股（stock picking）及擇時（market timing）之難，令不少人放棄投資，寧願專心儲錢做定期算數。何況即使你天資異稟，既擅長基本分析，又精於技術分析，亦不代表投資是你的志趣所在，或者你會享受終日奮戰股海。

作為第一章的開首，本文將提出三大原因，解釋為何資產配置對大多數人而言，最為合適。

不用誠惶誠恐考眼光

首先，資產配置並不要求投資者有過人的眼光、獨到的分析。恰恰相反，承認無知、放棄玩考眼光遊戲，才是資產配置的成功之道。這就好比一個聰明的商人，從來不去預測天氣，一邊賣雨衣，一邊賣草鞋，平衡天氣好壞對生意的影響。同樣道理，只要我們了解各項資產的特性，明白它們在不同經濟情況的表現，以至其對利率、物價變動等反應，便能妥善配置資產，以分散風險，坐享穩定的回報。

某些投資者有通曉各行各業股票的自信，但往往是「周身刀冇張

利」。強如畢非德，亦只專注美國的金融及消費股。他常說，知道能力圈的邊界，比能力圈的大小，更加重要。股神尚且如此，我等普羅市民就更應「知之為知之，不知為不知」。奉分散投資不同資產為上策，正是為此。

不需時時刻刻「睇住個市」

第二，對比深入分析企業價值、時刻警惕股價升跌，資產配置對投資者精神、時間投入的要求就低得多。由於主要影響資產表現的經濟及債市周期，是以年月計算的，資產配置因而特別適合長線投資者。每時每刻「睇住個市」，反而會幫倒忙。即使是有意積極調整組合的進取型投資者，每月亦只需花數小時跟進最新經濟情況，就可以了，真正省心省力。在本書第五章，筆者會介紹怎樣從每年訂立理財目標、每月審視投資部署，到每日執行計劃的細節。

投資，是為了重掌自由。與其奮戰股海，何不多騰出時間享受生活，珍惜與親朋好友共處的時光？

不怕錢太多 亦不怕機會太少

第三，這個策略主要投資於股市指數、國庫債券、大宗商品，其市場深度均屬上佳。這一方面避免了因資產規模太大，而限制了投資選擇及表現，另一方面又可減低買賣差價及流動性風險。

成功的投資者，終究會面對一個幸福的煩惱，就是現金太多、機

會太少。傳媒就不時報道畢非德坐擁大量現金，卻苦無投資機會。這就是為什麼，許多在早期表現理想的基金經理，在資金顯著增加之後，往往無以為繼，不能複製自己的成功經驗。特別是擅長挑選市值較細、增長型股票的基金經理，一旦管理資金翻倍，就要物色多一倍的公司，才能維持良好表現，但這談何容易？

一般散戶，其實也會面對類似的投資瓶頸。散戶的資金雖然遠比機構投資者少，不必擔心流動性問題，但是坐擁10萬元與1000萬元資產，投資目標及心態，都會大不相同。最初為求滾大資金，必然會比較進取；但在賺得第一桶金之後，往往就會傾向保守，只求穩定增值。如何轉變投資方法，以妥善管理愈來愈多的金錢，往往比想像中困難。

好消息是，資產配置並不存在資金大多、機會太少，或難以調整組合回報及風險的問題。無論你有10萬元或1000萬元，資產配置都可滿足不同投資需要。

投資之前，首先要了解自己。投資者應按自己的性格、能力、喜惡，找出屬於你的戰場、合適的投資方法。綜合上述三大原因，對於沒有興趣、時間、知識做詳細研究的普羅大眾來說，承認無知、分散投資的資產配置，正是最佳的致富之道。

2 價值投資與技術分析的利弊

當今股壇，兩雄爭霸，即基本分析（fundamental analysis）及技術分析（technical analysis）。以下會分析這兩大門派對「弟子」的能力性格要求，並以此作引，進一步解釋另一隱世門派——即資產配置——為何對大多數人而言，更為可取。

基本分析以價值投資為綱，透過尋找價格低於價值的股票，賺取超額回報；技術分析目前以程式交易為主流，集各種數據及指標之大成，預測價格變化，捕捉先機。兩者的焦點，可分別歸納為選股及擇時。

選股擇時各有章法

兩大門派，高手輩出。把價值投資發揚光大的，非股神畢非德及其最佳拍檔芒格（Charlie Munger）莫屬；技術分析的代表，則有知名對沖基金公司——文藝復興科技公司（Renaissance Technologies）的創辦人西蒙斯（James Simons）及傳奇操盤手李佛摩（Jesse Livermore）等。

他們都表現超卓，事跡為人歌頌。其投資心法及套路，更是早就

廣傳於世。只要跟對師父，人人都可以做自己的基金經理。可惜，大部分人求勝心切，基本功未穩，便開始迷戀各種悅目花招，愈學愈亂。更有甚者，是自以為融會貫通，隨意將兩派的招式混合使用。常見的就是「短炒變長揸」，明明以技術分析作短炒，卻又不肯認錯止蝕，美其名轉向「價值投資」，愈跌愈買。又譬如以基本分析選股，卻又期望即日見效，抵不住價格波幅，變成炒即日鮮。

基本分析及技術分析的教學，其實都早已成行成市。筆者無意班門弄斧，只希望扼要說明兩者對投資者稟賦的不同要求。這並無對錯之分，亦無優勝劣敗之別。就如《笑傲江湖》的令狐沖，明明自小學習氣宗，都無重大長進，但一學劍宗，就所向披靡。

合適的，就是最好的。不要強迫自己學習違心之法，否則很容易走火入魔。要弄明白哪一套方法最配合自己的性格、能力、喜惡，投資才會無往不利。

兩派對個性、專長的要求不同。基本分析的投資者，可比作農夫；技術分析的投機客，則可喻為獵人。

基本分析像農夫重視眼光耐性

農夫默默耕耘，培育種子發芽結果，就像長線投資者善於靜待公司發展潛能，不會每日問種子「幾時升」。基本分析的信念，是只要以合理的價格，購入土壤肥沃的農地，讓種子慢慢生長，便可收割成熟的農作物。

農夫要成功，除了以年計的耐性，還要深知土壤、種子、生長環境。他們也要接受萬一判斷錯誤，損失的不只是金錢，而是本來可以另作打算的機會成本和時間。務農生活，看似簡單安穩，但對判斷能力、耐性，要求都極高。筆者自問就不能如畢非德一樣，可以對於企業分析，醉心到每日跳着踢踏舞去上班，亦沒有能力時間，深入分析公司的營運策略及財務報表。何況企業發展，成敗難料，很多時甚至連管理層都難以預計。亞馬遜創辦人貝索斯（Jeff Bezos），就從沒想到公司能夠順利渡過重重難關，甚至名震天下。

技術分析如獵人講求眼明手快

至於獵人，玩的是另外一個你死我亡的零和遊戲。

市場上每隻獵物，都會有不少獵人看上。想要成功，就必須先打敗其他獵人。由於決勝有時只在一瞬之間，獵人必須身手靈活，反應迅速。否則，無飯開之餘，還會成為別人的盤中餐。

風險所限，獵人投入的每一注，都不可能賭上身家。因此打獵的回報，往往只可果腹一時。農夫或者還可以一時躺平等收成，但獵人必然是手停口停的。他們每日穿梭於槍林彈雨之中，身心負擔本就較大，同時還要長期保持最佳戰鬥狀態，不斷提升技藝，以求一直力壓其他獵人。他們的人生，就是不停的戰鬥。

資產配置更勝長揸指數

就着基本分析及技術分析的能力性格要求，讀者宜自問能否成為一個成功的農夫或獵人，又是否享受這樣的生活。假如你的答案是否定的，便應另覓他徑。可幸，賺錢還有其他方法。簡單如畢非德所建議的，持續買入股票指數，享受整體大市表現，就已經是一個可行策略了。

既然如此，為何本書的建議，不是長揸指數，而是資產配置？

因為，有智慧的資產配置，比起長揸指數，更加攻防兩便。一方面風險較低，二來長線表現亦較好，輕鬆跑贏大市。這一門派，本來也是顯學，只不過花式欠奉，才日漸為世人遺忘罷了。

3 「息」迷心竅的投資陷阱

簡單分享了投資三大門派後，容筆者揭示一些常見投資方法的致命缺失，以正視聽，並襯托出本書主題——資產配置——的優勢。

坊間傳統投資方法，不少聲稱風險低、回報穩定。例如收息股、債券、高息貨幣，共通點都是收息為主，而非資本增值。使用這些工具的投資者，大多不追求卓越回報，只望安安穩穩保本之餘，有幾厘息收入作日常開支。不過，單一地押注某種投資工具，缺乏靈活的資產配置，又是否如想像般安全呢？

收息股：公司表現是關鍵

能夠定期收息，的確令人心動，不過，不要忘記「息字頭上一把刀」。

投資股票，其實即是投資公司的發展前景。過去的業績再好、派息再穩定，畢竟也只是歷史數據。一旦公司表現轉差，就算股息再高，也是徒然。單論股息高低，很容易跌入價值陷阱。

一個賺息蝕價的一個好例子，便是2008年金融海嘯以來表現大

不如前的滙豐控股（00005）。當股息低於預期，股價更會雪上加霜。2020年愚人節，滙控取消派息的最大玩笑公布後，股價即日大跌一成。

另一個經典例子，是港人愛股領展（00823）。2009年至2019年間，領展的確有一段輝煌歲月，但其後股價不知不覺，曾一度由高位腰斬一半。單是2022年，就下跌了17%。由此可見，盲目地將積蓄投放於個別收息股，終非長久之計。

圖 1.1：領展股價接連下挫

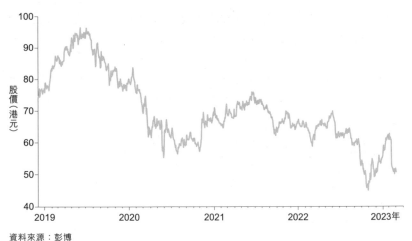

資料來源：彭博

房託：賭地運槓桿較大

港人鍾情磚頭，房地產信託基金（房託）在市旺之時，的確有助普羅市民享受物業市場帶來的收益。不過，買房託簡單來說，就

是賭「地運」。房地產市場節節上升，房託就水漲船高；房地產市場一旦受挫，房託亦難以倖免。不論是領展、置富（00778）、冠君（02778），以至各大地產發展商，近年股價表現之差，已說明了當中的風險。

本地房託表現差強人意，海外房託又如何？以美國最大的房託ETF，Vanguard Real Estate Index Fund ETF（VNQ）為例，2013年至2022年十年間，每年平均回報為6.4%，不但遜於標普500指數的12.5%，波幅還明顯較高。這是因為房託的槓桿較大，對經濟周期較為敏感。至於美國以外的房託ETF之一，Vanguard Global ex-US Real Estate ETF（VNQI），表現就更差，每年平均回報不及標普500指數的十分一。

由此可見，除非投資者能夠選中個別表現優秀的房託，否則房託的整體表現，並不比整體股市指數優勝。

什麼是ETF？

ETF，全稱exchange-traded funds，意思是可以在交易所買賣的基金。ETF通常追蹤某一指數的表現。舉例說，VNQ追蹤涵蓋美國大部分房地產市場的MSCI美國可投資市場房地產25/50指數。最為香港人所熟悉的，當數追蹤恒生指數的盈富基金（02800）。除股票外，ETF亦可以用作追蹤其他資產的表現，如債券、商品、外滙等。

過分執着食息的另一盲點，是高息股大多側重於個別行業，令投資組合過於集中，拖低長遠回報。

例如標普500指數高息股票SPDR S&P 500 High Dividend ETF（SPYD），是追蹤標普500指數內最高息率的80隻股票。當中金融股及公用股，佔比高達五成。SPYD自2015年推出以來，每年平均回報只有9%，低於標普500指數11%，波幅亦較後者更高。低回報的同時，防守力竟然更差。2020年初，新冠疫情影響下，標普500指數一度急跌約20%，但是SPYD，卻重挫37%。果然是「息即是空」。

高息股：慷慨派息未必前景好

相信大家都聽過「朝三暮四、朝四暮三」的成語故事。其實派息，只不過是將部分股價上的回報，分派予投資者而已。投資應關注的是總回報。派息與否，最終也會反映到股價之上。若計入手續費及股息稅，收息其實無着數可言。另外，假如投資者未能將這些股息，善作投資，長遠回報還會因而下降（即再投資風險）。

投資者亦應注意，一間公司慷慨派息，並不代表其前景亮麗，值得你繼續投資。畢非德就曾在其有名的《致股東的信》中，大談留存盈利的威力（the power of retained earnings）。他認為好的公司，應該持續投資、創造價值，而不是都將盈利拿去派息。唯有如此，公司和投資者，才能享受長線投資的複息回報。

鍾情高息股，豈不是與長線看好公司發展的原意相違嗎？

派息，其實是被動地減持股票。除非你不信任公司的發展，否則為何會期望它定期派錢，而非繼續錢搵錢呢？假如投資者真的需要穩定的現金流，應付生活開支，適時賣出部分資產便是，實在無謂寄望不確定的股息。

高息債券：息字行頭忽視風險

在公司不違約的大前提下，債券的確可以提供穩定的回報。不過，經歷過內房債務危機後，讀者相信都覺得所謂「不違約」的後面，必須加上一個大問號。雖然投資股票失利，一樣會有損失，但股價絕少歸零。相反，債券一旦違約，是會一夜之間血本無歸的。

撇除個別公司的違約問題，「息中餓鬼」在債券市場，亦很容易吃苦。以下舉例說明。

假設有一「好息之徒」，知道甚受大眾歡迎的美國高收益公司債券 iShares iBoxx USD High Yield Corporate Bond ETF（HYG），息率高達8厘，而美國投資級別公司債券 iShares iBoxx $ Investment Grade Corporate Bond ETF（LQD），息率則不足5厘。那麼他不用多想，自然瞓身HYG。可是，過去十幾年的數據顯示，HYG的回報雖與LQD相若，但其波幅及最大跌幅（maximum drawdown，或曰最大回撤），卻明顯較高。息字行先，忽視其他因素對整體回報的影響，很容易得不償失。

事實上，債券價格的波幅，並不特別低，長年期債券的波動尤

大。以年期為20年或以上的美國國庫債券iShares 20+ Year Treasury Bond ETF（TLT）為例，其價格在2022年，便曾一度下跌近四成。儘管美國國債已是全球風險最低的債券，但若以2012年至2021年十年期計算，其每年平均波幅，仍然高達12%，與標普500指數的波幅相若。

除非投資者能夠持有債券至到期日，否則，這段期間的波幅，實在教人膽戰心驚，更不要說槓桿買債、被追保證金的風險。2022年英國國債大跌，英國退休基金紛紛拋售資產籌資，情況危急得要英國央行出手救援，便是一例。

投資債券並無問題，但切忌盲目追求高息，忽略背後的風險。事實上，債券是資產配置的重要一員，第二章將講解如何善用此神兵利器，建立風險分散的投資組合。

高息貨幣：主流貨幣皆貶值

股、債各有風險，高息貨幣又如何呢？以港人最愛的英鎊，澳元及加紙為例，三者對比美元，在2022年曾一度分別下跌23%，15%及9%。

讀者或會質疑，美國在2022年大幅加息，美元獨強可能只是特例。高息貨幣較長線的表現，或者始終較好？那麼，且看2012年至2021年十年間，幣值對比美元的變化：英鎊，澳元及加紙，分別下挫了13%，29%及19%。

試問高息貨幣的風險又有多低，到底怎樣能夠保本呢？買高息貨
幣做定期，安全過投資股、債，這真是不知哪裏來的都市傳說。

圖 1.2：對比美元，英鎊、澳元及加元大幅貶值

資料來源：彭博

回顧2008年金融海嘯，標普500指數曾在一年間下挫超過
50%，但英鎊和澳元同期兌美元其實也跌了近40%（美國高收
益公司債券ETF之一HYG的表現亦「不遑多讓」，跌了42%）。
當中英鎊，更是自始屢創新低，慘不忍睹。過去十幾年，雖然時
有反彈，但即使在2014年年中的最高位，依然較金融海嘯前低
20%，且不要說2016年脫歐公投後那段急挫。2022年9月，英
鎊更創下了37年新低。

慎防賺息蝕價

上述分析，清楚顯示了收息股、高息債券、高息貨幣固有的風險，遠不如想像中低。想當然爾的「安全保本」，其實只是一廂情願。這些誤解，恐怕曾經令不少投資者損失慘重。

讀者尤要慎防一些聲稱保本而又高息的基金，以免白白賠了辛勞一生賺來的血汗錢。撇除高昂的費用不談，很多時候賺到的利息，根本不夠彌補本金的虧蝕。更不用提雷曼債券一類，以低風險作宣傳口號的糖衣毒藥。

4 投資求人
不如求己

香港人出名精明，無論出國旅行，或是日常消費，都會貨比三家，追求物超所值，最好做到「蔗渣的價錢，燒鵝的味道」。不過，在理財投資方面，不少人卻覺得太煩、太難，寧願盲目跟隨傳統投資方法，瞓身收息股、高息債券、高息貨幣，或者假手於人，幫襯基金公司。

依靠別人，的確比自己落手落腳，較為慳水慳力。問題是，可靠的基金經理，就像真愛那樣難找。

信基金不如買指數

相信大家都聽過「過往表現不代表將來表現」。你或者會覺得這是廢話，但它其實道出了部分人可以靠一時好運胡混過關的真相。正如著名的橡樹資本管理公司（Oaktree Capital Management）創辦人馬克斯（Howard Marks）所說，高超的技巧，在長線投資中的確能夠戰勝運氣，可是，短線而言卻不如運氣重要。

有時一個人的往績看來不錯，但誰知道他到底是一時好彩，還是

貨真價實，是騙子馬多夫（Bernie Madoff），抑或是下一個股神畢非德？你信以為真的必勝投資法，可能只是龐氏騙局或者雷曼債券。投資回報難以預料，唯一可以確定的，是每年至少1%的基金收費。

一般人的投資目標，並非一夜暴富，只是希望做到穩定的資產增值、最終達致財務自由而已。就這目的而言，即使投資表現只是與大市同步，都已經綽綽有餘。不過，正如引言所提及的「十年賭局」，大部分基金經理長線都跑輸大市。與其冒險對基金經理癡心錯付，為何不靠自己？

靠「冧巴」投資有如賭大細

另一個常見問題，是俗稱的「冧巴降」。時興即食文化：長篇大論最無謂，比個冧巴最實際。更要講明買入價、賣出價，最好即買、即賣、即賺。奇就奇在，好多人平時凡事存疑，隔籬屋師奶說某檔生果靚，都要自己試過先買，偏偏在投資決定上，卻那麼輕易相信別人。單憑新聞資訊或他人建議，就貿然買入賣出，這與在賭枱上隨意買大買細，其實並無二致。

即使冧巴次次神準，但若果別人的出入方法，與你的信念、性格、風險承受能力不同，你最終依然會因為恐懼或貪婪，在錯的時間入場、離場，落得蝕錢收場。

「你不理財，財不理你」。若果選擇放下腦袋，恐怕就必須放下金錢。投資前要自己做足功課，不要輕信別人，理所當然。

5 緊貼資訊 「倒後鏡投資」易迷失

上文已說明「你不理財，財不理你」的道理。不過，積極理財，也不保證財會理你。一旦用錯方法，反而會愈理愈窮。

筆者初初學習投資時，總覺得要追貼每項財經新聞，惶恐錯失寶貴資訊。即使剛開始時只是投資港股，但也絕不放過任何環球政經消息。有時少了時間跟進股市動向，便頓感落後形勢，擔憂投資表現大受影響。可是，每天為了追趕市場動態所付出的努力，不但未有帶來相應回報，更往往因此打亂投資部署。明明做了仔細分析，並訂下投資計劃，卻因一兩則新聞而動搖信心，自亂陣腳。跟車太貼，不但對判斷大勢毫無幫助，反而會被紛亂的噪音吞噬。

勿沉迷考眼光　應建投資系統

當政治及經濟前景不明朗，大市較為波動，投資決定就更加容易朝令夕改。見好消息就追買、壞消息就沽出，結果被市場左一巴、右一巴，打得頭暈轉向。誰不知，自己行動之前，市場價格早已消化最新消息。自以為緊貼大市，其實已經慢了半拍。這自然猶如看倒後鏡揸車，想不撞車都難。

過於緊貼新聞，除了令人容易迷失方向，被一兩件小事影響看法，更大的問題，是令人過度自信，自以為通曉世事。

喜歡尋根究柢是人之常情。知得愈多，心裏就似乎愈踏實。不過，這安全感往往只是錯覺。電視報章上看似頭頭是道的解釋，不少其實是萬能key。例如，若新冠疫情確診數字下降，而股市同時下跌，論者便解釋為市場仍憂慮疫情，或稱投資者藉好消息散貨。當確診個案下降，而股市上漲，他們又說市場正在憧憬疫情受控。其實，股市不是升、就是跌，每日消息那麼多，有好有壞，要馬後炮自圓其說，又有多難？

何況，即使你能夠成功預測事態發展，也不代表投資會一帆風順。須知道市場走勢，不是視乎新聞本身，而是在於大眾對新聞的判斷、投資者之間的動態反應。好消息不等於會升，壞消息也不一定會跌。舉例來說，2020年1月30日，世界衛生組織宣布疫情已構成國際關注的突發公共衛生事件。雖然事態嚴重，但美股下跌一日後，竟接連上升，更上破高位，一直升至2月尾，才出現大跌市。其後全球疫情日益嚴峻，美股卻急速反彈，更破了疫症發生前的高位。自覺洞悉疫情發展、瞓身看淡股市的專家，損失恐怕十分慘重。

留意時事，關注市場變動，相應調整投資策略，十分合理。難就難在如何保持適當距離，避免見樹不見林，甚至被噪音帶着走。後退一步，着眼大勢，知易行難。即使做到，也不代表一定選對邊。因此，考眼光遊戲，小注無妨。要持續賺大錢，還需依賴較有系統的投資策略。

6 培養概率思維 建立長線優勢

傳統投資方法、基金經理，乃至財經新聞，都給大眾布下種種地雷。相信聰明的讀者，現在已經摒棄了這些常見誤解，準備好建立優秀的投資策略。本文將分享一些重要的投資心理，以備實戰。

心態不正，實戰必輸，且是輸在自己的手上，故希望讀者慢慢消化本文內容，不要為了能盡快入場而心急跳過。

多數人對投資的理解，可總結為「波一係入，一係唔入」。考考眼光，非贏即輸。

其實投資的核心，是一場概率遊戲。

正確投資心態：一切從概率出發

「概率遊戲」，是指在市場上凡事皆有可能，分別只是概率高低。換言之，無論你有幾多根據、多大信心都好，一單交易，都可以因為種種原因而未能如願。不過，儘管你不能控制個別交易的結果，但這不等於你不可能長期贏錢。

有想過為何經營賭場能夠穩賺不賠嗎？

那並不是因為莊家出千、鋪鋪通殺，而是賭場在設計遊戲時，已經預設了一個略高於50%的勝率。在一賠一的情況下，賭場只要與賭仔多番對賭，就能利用微小的概率優勢，持續獲利。正如德國股神科斯托蘭尼（André Kostolany）所言，成功的投機者在100次投機中，成功51次，失敗49次。他就是靠這差數維生。

賺錢是無需要次次都買中的。想保證長賺長有，最好的方法，是學習賭場的辦事方式，即建立一套勝率或賠率向自己傾斜的系統，以享受正期望值。以玩21點為例，專業賭徒絕對不會隨意下注，而是會以數牌方式計算概率，只選擇勝算較高的時候加注。假設你自問技術不如這些「專業人士」，那也無甚要緊，只要堅持在賠率較高，例如2比1時，才考慮落注，長遠來說，你也能夠像賭場一樣，穩賺不賠。

何謂期望值？

期望值（expected value），指的是在重複多次下的平均結果，受勝率及賠率影響。儘管單次結果難以預料，但只要重複多次，其結果必然趨於期望值。以拋銀幣為例，雖然不能肯定每一次是公或字，但只要多拋幾次，我們便能斷然公字出現的次數為一半一半。在一賠一的情況下，不斷擲公字，定必無賺無賠，即期望值為零。

不過首先，投資者要擺脫賭仔陋習，例如同市場鬥氣、想證明自己、輸了急於復仇、妄想一鋪發達等等。記住賭場永遠都保持概率思維，一單兩單交易輸錢，根本不值一提。反正在大數法則（law of large numbers）下，結果最終必然會趨向期望值。只要嚴守紀律，重複做出一些勝率、賠率對自己有利的交易，就一定會愈賺愈多，*毋須質疑，毋須動搖*。

其實普羅大眾甚至比賭場更有優勢。賭場開門做生意不能揀客，但投資者卻可以靜心等待屬於自己的那段行情出現，才揮軍進攻。市場機會不斷，環球股債滙商品的價格，每分每秒都在變化，故大可稍安毋躁，等到對自己最有利的時候才下注。以話事啤類比，試問有什麼比可以看牌後才落注，更着數的呢？

概率會贏錢　不必水晶球

概率思維另一有趣之處，是投資者根本不需要知道將來會發生什麼事情，都可以賺到錢。繼續以話事啤為例。假設你「扱手煙」開局，那麼即使未能預知餘下手牌，你都一定會下注。因為概率告訴我們，這個牌面勝算極高。當然「扱手煙」也有可能輸，不過只要多玩幾次，這種擁有概率優勢的牌面，始終都是贏多輸少的。

坊間評論成敗，大多聚焦單項買賣。電影《沽注一擲》（*The Big Short*）之所以為人津津樂道，而揀石仔致富的故事之所以顯得沉悶無趣、乏人問津，便是為此。問題是，用賭仔心態投資，一夜暴富的萬中無一，更多的是一鋪清袋。很多人不明白這一點。

投資要保證成功，最好的方法，是深耕細作。

當我們理解了概率思維，明白到不用預知未來都可賺錢，便不會將情緒、自尊投放在一單半單交易上。這有利於我們接受所有可能，做出最聰明的決定，例如：立即認錯、果斷止蝕。尤為要者，我們因此能夠客觀評估投資系統，持續改進、除錯。從此，不必奢望一朝揀中股王賺夠退休，而是靠一套不斷重複成功的系統，高寢無憂。

7 分析框架
追求客觀一致

概率思維是投資必備心法，而分析框架則是執行實戰的根據所在。

普羅大眾對投資感到無力，大多因為欠缺一套穩定一致的分析框架。閒時聽到一些小道消息、朋友建議、財經專家分析，便躍躍欲試，甚至單憑個人感覺行事，出來的結果「時中時唔中」，便覺得投資只是好彩與否的問題，變得迷信運氣。

其實一次半次賺蝕，只是其次。真正致命的，是對投資有了錯誤認知，選擇聽天由命，做每個買賣決定，都毫無章法可言。如此長玩下去，當然非死即傷。

客觀歸類不停改進

分析框架是一套客觀的分類準則，用以判別各種情況。分類標準，可以源於對事物的一些理論認知（如經濟周期、貨幣政策、企業分析），亦可以建基於統計數據。用什麼準則分類，並無標準答案，重點只在於一致、客觀的歸類。

只要分析框架是根據客觀條件而訂立，即使開始時不太準確，我們也可以透過實證反饋，不停改進，到最後成功確立長線優勢。正如射箭一樣，我們追求的，並非一次半次射中紅心，而是重複又重複地成功命中同一區域。

這正是精密度（precision）與準確度（accuracy）、系統化與撞彩之分。

圖 1.3：精密度與準確度之分別

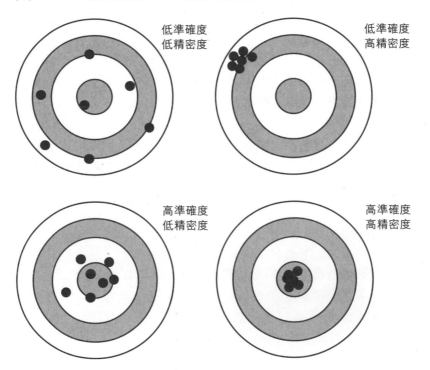

低準確度
低精密度

低準確度
高精密度

高準確度
低精密度

高準確度
高精密度

高手的秘密：反覆改良

坊間其實已有不少分析框架，傳統如海龜交易法，或是近年火熱的超級績效動能投資，都可讓新手站在前人的肩膀上，建立屬於自己的一套投資系統。只可惜許多人懶練懶學，不肯把一套技術練到爐火純青，就因一時失利，頻頻轉換策略，又或者純粹利用這些策略，去佐證自己既有的偏見。這樣，再好的方法，也只會淪為一個賭博的藉口。

建立分析框架不難。能否有效地反覆改良，持續地評估成效、改進、除錯，才是致勝關鍵。高手之所以是高手，就在於他們能夠客觀、仔細分析每一個步驟，不斷地想辦法進步。老套一句，投資並無捷徑。多好的系統，在親身經歷、反覆驗證之前，都與你無關。唯有不斷演練，才可以令它真正屬於你。

達里奧就曾在其著作《原則：生活和工作》（*Principles: Life and Work*）一書中，反覆論述總結經驗的重要。想建立一套可靠的行事決策方式，別無他法。特別是當遇到不確定的狀況，更應讓自己有規矩可循，以排解不安、重整步伐。

應用在投資之上，一買一賣，都應有理有據。理據可以建基於經濟周期或估值模型，亦可以是技術分析。條條大路通羅馬，關鍵是你選擇的方法，能否在不同情況下保持一致表現，並累積經驗，持續進步。

8 設定目標
財務自由之始

一個成功的理財投資計劃，第一步在於設定目標。

古希臘箴言曰：know thyself。理財投資跟人生所有重要決定一樣，做之前，要首先認清自己的性格、喜好、能力、目標。投資不是為了與別人鬥快鬥多，而是在於滿足「自己的需要」。我們毋須因為獲利不及他人，就覺得被比下去。要知道他們曾付出的努力、承受的風險，未必是我們所願意付出的。目標並無對錯。只要專心走屬於自己的路，就已經足夠。

本文將以大眾趨之若鶩的「財務自由」作為前提，講解如何訂立投資目標（財務自由一般理解為不需為錢營役，僅僅依靠資產產生的被動收入，已經足夠日常開支）。為了方便讀者評估個人財務狀況，筆者特意設計了一套試算表「全天候財務自由規劃」及教學影片，掃描下方的 QR Code、以 Google Sheets 打開即可瀏覽，由此踏上財務自由的第一步。

 財自規劃
一開即用
https://bit.ly/3JclHsl

理財表操作示範視頻
https://bit.ly/3ocUCOU

第一張表格分為兩部分：收支表、資產負債表。

收支表──計算財自所需金額

表格左方為年收入，右方為年支出。讀者只需在試算表的橙黃色部分（即附圖1.4的深灰色部分）輸入資料，如人工，花紅及衣食住行開支等，試算表就會自動計算出年收入，年支出及儲蓄金額（見試算表的綠色部分，附圖1.4的淺灰色部分）。

「財務自由」──即是不工作、只靠投資被動收入過活──所需要的金額，是按年支出計算的。一個簡單的計算方法，為「4%法則」，即是把年支出除以4%（或乘以25）。「4%法則」背後的假設，以及更詳細的理財規劃，會在第五章第一節講解。

表中預設的收入，是香港人每月工資中位數，即約1.8萬元，再假設加上一個月花紅，總數為每年23.4萬元。

現假設每年開支為18.4萬元。按此計算，儲蓄率約為20%，即每年儲蓄5萬元。按照「4%法則」，當累積到460萬元資產時（即18.4萬元乘以25），就可以退休。

資產負債表──決定財自的距離

收支表檢視的，只是個人財務狀況變化。要制定整全的投資計劃，還需了解資產負債情況。

繼續上述例子。如果此人已經有一層價值1000萬元的物業,並已經供完,他其實可以即時退休享受生活(因為已經超越財務自由所需的460萬元資產)。但若果如表中所預設的,他的資產只有10萬元強積金,其餘資產及負債項目皆為零,那麼,他距離財務自由,便尚餘450萬元了(見附圖1.4綠色方框示)。

圖 1.4:評估收支及資產負債狀況

2022年收支表				2022年資產負債表			
年收入		**年支出**		**資產**		**負債**	
人工	216,000	衣	6,000	儲蓄	0	信用卡欠款	0
花紅	18,000	食	42,000	房地產	0	就學貸款	0
其他	0	住	96,000	強積金	100,000	房地產按揭	0
		行	9,600	其他	0	其他	0
		電訊	2,400				
		娛樂	10,000				
		保險	6,000				
		稅務	4,000				
		其他	8,000				
總計	234,000	總計	184,000	總計	100,000	總計	0
儲蓄金額 (年收入 - 年支出)		50,000		淨財富 (資產 - 負債)		100,000	
儲蓄率		21.4%		按:流動資產最好能應付半年至一年的開支。			
財務自由所需金額		4,600,000		距離財務自由的金額 (財務自由所需金額 - 淨財富)		4,500,000	

財自規劃
一開即用
https://bit.ly/3JclHsl

單靠儲蓄 難達財自

如果此人每年只有5萬元的儲蓄,那麼,他就需要90年,才可儲夠450萬元,不得不打一世工。這本書的出現,就是為了在不降

低生活質素的前提下，幫助讀者重掌自由，以錢搵錢，增加收入。參考「全天候財務自由規劃」試算表「個人投資計劃」，讀者可自行評估達致財務自由所需的時間。

開首兩項數據，即距離財務自由的金額及每年投資金額，已自動按「收支表及資產負債表」的資料填寫。其餘四項資料，亦已預設一些基本數據，例如每年投資金額會隨3%的通脹變化。

按預設的每年平均通脹率3%、每年平均回報率8%計算，此人將在35年後擁有450萬元（見附圖1.5），達致財務自由。如果我們將回報率增至10%，他所需的時間，便會減至29年。假如回報率只有6%，則會增至45年。同理，如果通脹率降至2%，所需時間會減至32年。假如通脹率為4%，則會增至39年。

讀者可按自己的情況，更改有關資料。舉例說，假如讀者已有一些儲蓄，並希望在首年增加投資額，就可更改「首年額外投資金額」一欄。假如讀者可接受更高風險的投資，以增加預期回報率，便可更改「預期每年平均回報率」一欄。

圖 1.5：評估個人投資計劃

距離財務自由的金額	4,500,000
每年投資金額	50,000
首年額外投資金額	0
預期每年平均通脹率	3.0%
預期每年投資金額變幅	3.0%
預期每年平均回報率	8.0%
達致財務自由所需年期	35

投資回報
一開即計
https://bit.ly/3Jz303n

強積金對財自幫助有限

除了個人投資外，此表亦有考慮強積金的作用。有關計算，請參考「全天候財務自由規劃」試算表「強積金投資」。其所需資料與「個人投資計劃」相若。開首三項數據，即距離財務自由的金額、現時強積金結餘、每年投資金額，會自動按「收支表及資產負債表」的資料填寫（見附圖1.6）。

同樣假設每年平均通脹率為3%、每年平均回報率為8%，此人將在56年後擁有450萬元強積金，達致財務自由。計算結果可見，由於每年投資金額較低，加上投資回報被基金費用蠶食，強積金對退休保障，功效有限。即使一併考慮個人及強積金投資，仍需要29年才能達致財務自由，比起只有個人投資所需的35年，只是提前6年。不過，若果結合有效的資產配置策略，強積金所得的資金對退休也有一定用處，詳情見第五章5.6節有關強積金及「退休三寶」的解說。

圖 1.6：評估強積金投資

距離財務自由的金額	4,500,000	(資料取自收支及資產負債表。如有更改，請自行輸入。)
現時強積金結餘	100,000	(資料取自收支及資產負債表。如有更改，請自行輸入。)
每年投資金額	21,600	(按人工的10%計算。如有額外強積金供款，請自行輸入。)
預期每年平均通脹率	3.0%	
預期每年投資金額變幅	3.0%	
預期每年平均回報率	8.0%	
每年平均基金收費	1.4%	(資料取自強積金計劃統計摘要2022年9月季刊。)
達致財務自由所需年期 (強積金)	56	達致財務自由所需年期 (個人投資 + 強積金)	29

強積金多寡
一開即計
https://bit.ly/407aX59

投資前先了解自己

每個人的財政目標、生活要求、風險承受能力都不同，理財計劃因此不存在一個標準答案。在尋找發達大計前，筆者希望大家能透過這個簡單表格，反思自己的所想所求，平衡取捨。

除了設定數字上的目標，讀者若想鼓勵自己發奮，可以利用一個心理學小技巧，就是仔細想像財務自由之時的幸福生活。一個人的願景，愈是詳盡逼真、如臨其境、有聲有色，他就會愈有動力，鞭策自己將之實現。

這個練習看似簡單，其實至關重要。沒有清晰的目標，不但無從檢驗成果，還會因為缺乏願景，而無法說服自己付出長期的努力。

如果你已經仔細將表格填妥，筆者恭喜你完成關鍵第一步。接下來，我們只需設計合適的投資計劃，並加以實踐，財務自由就已指日可待。

分散風險 全天候獲取回報

分散投資是金融市場唯一的免費午餐，亦是提升表現的最有效方法。

只要按不同經濟環境、按風險、跨地域地配置資產，便能有效分散風險，確保組合在任何情況下都有穩定的回報，做到穿越經濟周期、傲視牛熊。

1 混合互不相關資產
提升投資表現

「分散、分散、分散！」

重要的事情要講三次，更何況這是橋水基金創辦人達里奧尊崇的投資聖杯。

達里奧是繼現代投資組合之父 Harry Markowitz 之後，將分散投資推許為「金融市場唯一免費午餐」的代表人物。兩人都認為，合適的資產配置，是提升回報與風險比例的最有效方法，別無他選。

達里奧指出，由於市場的未知之數太多，關係又錯綜複雜，要長期作出正確預測，並轉化為賺錢的投資決定，幾乎不可能。尤其現今市場競爭日趨激烈，愈來愈難找到優秀的投資機會。唯一絕無異議的致勝之道，是混合互不相關的資產，能夠顯著改善投資表現。

分散風險的效果，取決於資產之間的相關性。假設我們投資風險為10%的資產甲，並再買入一項與甲相關性只有80%、風險同樣是10%的資產乙，那麼，同時持有甲乙的整體風險，便會有

所下降。

假如我們加多幾項與甲乙相關性都只有80%、風險同是10%的資產,當組合內的資產增至8項,投資組合的整體風險,就會由10%下降至9%。如果新增資產與甲的相關性,只有60%,那麼,擁有8項資產的投資組合,整體風險就會下降至8%了。

圖 2.1:資產相關性愈低,風險分散效果愈好

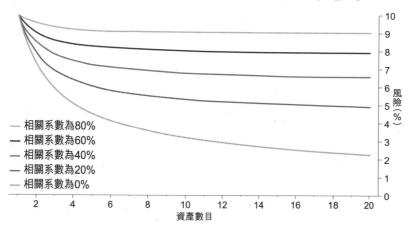

資產數目

資產相關性必須要夠低

上述例子中,由於資產的相關性仍然有60%至80%,在分散到一個地步之後,即使我們再增加組合內的資產,都難以再進一步降低風險。事實上,分散投資1000項相關性為60%的資產,與分散投資10項的差別並不大。因此,不要以為持有不同股票,就是有效分散風險。我們真正需要的,是相關性低的資產組合。

例如，只要投資 4 項相關性為零的資產，組合的風險，已經可以減少一半。若投資 20 項完全不相關資產，風險更會降低至約 2%。這可是單一投資風險的五分之一！

試問世上有什麼投資策略，能夠有此奇效呢？分散投資是投資界的聖杯，實在是當之無愧。

以上道理，簡單易明，但執行上其實有一定的困難。這是由於資產的相關性時有變動。即使是關係相對穩定的股票及債券，也曾在 2022 年因通脹急升，由一般情況下的負相關，變成正相關，造成股債雙殺。由此可見，單以歷史數據估算的資產相關性，並不可靠。

圖 2.2：標普 500 指數與美國長年期國債的 12 個月滾動相關性

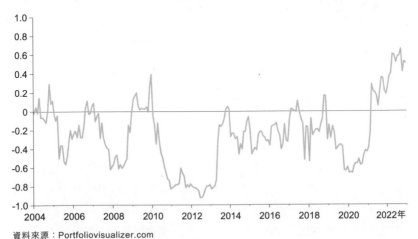

資料來源：Portfoliovisualizer.com

橋水基金之所以成功，全賴對經濟規律的掌握。唯有明瞭不同因素如何影響各項資產的價格變化，洞悉背後的根本關係，才可超越浮動多變的資產相關性，做到真正的分散風險。

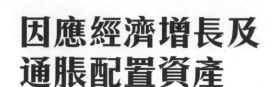

2 因應經濟增長及通脹配置資產

既然歷史數據估算的資產相關性並不可靠,那麼,投資者應如何辨別各項資產的關聯,做到真正的分散風險呢?

「全天候策略」始祖達里奧的創見,是根據一些通用而不變的規律,分析不同因素如何影響各項資產的價格變化,以作出最佳的資產配置。

達里奧發現,宏觀經濟環境,主要由經濟增長和物價變化兩大因素驅動,並可以分類為四種情景:(一)經濟增長較預期高、(二)經濟增長較預期低、(三)通脹較預期高,以及(四)通脹較預期低。

資產表現受經濟環境影響。附表2.1顯示各項資產在那一種經濟環境會有較好表現。

表 2.1:各項資產偏好的經濟環境

	經濟增長	通脹升溫		經濟增長	通脹升溫
股票	▲	▼	商品	▲	▲
債券	▼	▼	抗通脹債券	▼	▲

當經濟向好，生產活動活躍帶動原材料需求、企業盈利上升，那麼，商品及股票的表現會較佳；當經濟不景氣，避險情緒升溫，加上市場憧憬央行減息刺激經濟，此時債券的表現，便會較好。

當通脹上升，商品及抗通脹債券會跑贏大市；當通脹下降，貨幣政策一般會較為寬鬆，則有利股票及債券。

總括上述分析，在經濟及物價上漲時，商品表現最好；當經濟向好而物價下跌，股票表現最佳；當滯脹（即經濟停滯而物價上漲）出現，抗通脹債券是最佳投資；當經濟及物價雙雙下跌，債券則會跑出。

圖 2.3：各種經濟環境下的最佳投資

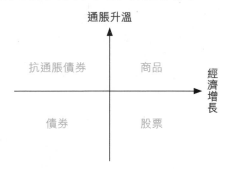

什麼是抗通脹債券？

抗通脹債券，亦稱為通脹掛鈎債券，是一種定價跟隨消費者物價指數變化的債券。港人熟悉的 iBond 便是一例。

iBond 的息率，掛鈎消費者物價指數，即通脹愈高，利息回報便愈高，以達到抗通脹之效果。

環球通脹掛鈎債券市場上佔比最重的，是美國國庫抗通脹債券（Treasury Inflation-Protected Securities，簡稱 TIPS）。與 iBond 不同，TIPS 的本金與美國消費者物價指數掛鈎，而息率不變。雖然計法有別，但由於利息回報根據經通脹調整的本金價值支付，因此，每次派息的金額，依然會隨物價指數上升，可以抵抗通脹。

不少發行抗通脹債券的地方，皆設有保本條款。即使通縮出現，投資者仍然可於到期日全數收取票面值。不過，投資者要留意，抗通脹債券與普通的債券一樣，在到期日前，價格會受利率變化影響。當利率上升，債券市值便會隨之下降，反之亦然。

將來的經濟增長、物價變化難以預料，筆者絕不建議孤注一擲。相反，由於宏觀經濟環境不外乎上述四種，我們大可利用這一點，平均落注，買齊商品、股票、債券，以確保投資組合在任何情況下都有穩定的回報，做到穿越經濟周期、傲視牛熊。這才是真正的分散風險。

3 傳統資產配置方法的盲點

坊間資產配置方法各有不同,本文將探討這些傳統方法有何弊病,為何不如按宏觀經濟環境分散風險可取。

首先,很多所謂的資產配置,僅限於分散投資不同行業的股票。這樣做,雖然避免了行業風險過度集中,但卻無法抵銷同一類資產面對的相近風險。即使以穩健見稱的公用股,在經濟不景氣時,亦很少能夠獨善其身。除非獨具慧眼、選中股王,或者特別善於捕捉時機,否則股票組合的表現,通常連大市都比不上。

另一種流傳較廣的做法,稱為啞鈴策略(Barbell Strategy),最早見於債券投資。它得名於同時持有短期及長期債券,呈現出兩頭集中的分布。現今不少基金都使用啞鈴策略,一方面投資高投資級別債券,取其低波幅,以穩定組合表現,另一方面投資高息債券,以獲得較高回報。這樣做看似攻守兼備,實際上卻對利率上升的風險,毫無抵抗力。

以經濟環境分類,股票基金是賭經濟向好,企業盈利及估值上升,推動股價,而債券基金則是賭經濟不景氣、投資者避險,加上央行減息拯救經濟,令債價向上。

因此，無論股票組合、債券組合，根本都是押重注於個別經濟環境。一旦情況逆轉，自然損失慘重。

60/40 股債組合虛有其表

有人或會問：如果只買不同股票、不同債券都不行，那麼混合購買股債，會否解決到問題？

股債基金的確十分流行，60/40 股債組合就是當中經典，即是投資組合中包含 60% 的股票和 40% 的債券。積金局預設投資策略下的核心累積基金，也屬於這種組合。在 60/40 的基礎上，假如投資者追求較高回報，並能承受較高風險，可以選擇提高股票佔比。反之，則持有較多債券，以減低組合波動，例如是 65 歲後基金（股債比例約為 20/80）。

按經濟環境分類，在通脹溫和的情況下，同時投資股票及債券，的確可以平衡經濟增長方面的風險。不過，當通脹升溫、利率急升，股債組合便無險可守。2022 年股債雙殺，讀者相信猶有餘悸。可見這種組合限制很大，無法適應恒變的經濟環境。

資產選擇不夠分散，尚在其次。傳統 60/40 股債組合更大的問題，是風險嚴重傾斜向股票。60% 股票，40% 債券，看似很平衡，但實際對風險分散，根本效果不彰。所謂安全，虛有其表。

舉個例說，若果以 60% 資金投資追蹤包含各類型美股的 Vanguard Total Stock Market ETF（VTI），40% 購買廣泛持有美

國各投資級別債券的Vanguard Total Bond Market ETF（BND），組合風險約95%來自前者！其表現與單單投資股票市場的相關系數，亦高達0.97。由此可見，簡單將資金分配至股票及債券，根本不能有效分散風險。當經濟環境不利股票時（即經濟增長放緩），債券的收益不足以彌補股票的虧損。

圖 2.4：60/40 股債組合的資金與風險分布對比

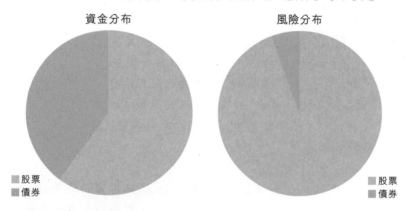

資料來源：Portfoliovisualizer.com

更有甚者，坊間部分基金為了提升回報率，會假借債券「穩陣」之名，投資較高風險的公司債，甚至垃圾債。當經濟一片向好，這些債券或者可以給予投資者較佳回報，但當市況逆轉，甚至公司債務不幸違約，投資者就會得不償失。所謂魔鬼在細節中，遇着基金掛羊頭賣狗肉，這些所謂的「平衡」組合，便淪為雷曼債券一類的糖衣毒藥了。

即使不是垃圾債，而是投資級別的公司債券，亦與股票存在正相

關性。其對沖股票失利的作用，因而遠較國庫債券為差。這是因為公司債券涉及個別企業的營運風險，當經濟不景氣，風險上升，債價與股價，自然一同下跌了。

真正能夠在緊急關頭對沖股票虧損的，只有國債。當經濟下行，中央銀行一般會下調利率，以刺激消費及投資。此時國債價格，便會隨之上升。

不同年期國債波幅各異

不過，國債有不同年期，它們的波幅並不一樣，分散風險效用各異。舉例說，TLT（年期為20年或以上的美國國債ETF）過去15年的每年平均波幅與標普500指數相若，若將之加入股票組合，分散風險的效果便相當良好。

相反，年期為一至三年的美國國債iShares 1-3 Year Treasury Bond ETF（SHY），其每年平均波幅不及標普500指數的十分一，因此即使一半資金投資標普500指數、一半買SHY，組合風險仍然由股票主導。這樣的避險效果，自然令人失望。同理，傳統60/40股債組合中，BND因年期較短，波幅約為標普500指數的四分一，所以即使佔比近半，也難以平衡股票的風險。

傳統的資產配置方法，只會簡單地將資金平均分配到不同的資產上，而非按資產的波幅分配投資。要真正做到分散風險，我們除了要明白各項資產的特性外，亦要掌握風險平價策略（risk parity strategy）。

4 風險平價策略成就最佳投資

資產配置的主要作用在於分散風險。由於各項資產的波幅不一，簡單地把資金平均分配到不同資產，難以有效分散風險。上文講到傳統的60/40股債組合，因過度暴露於股市風險中，表現與股票密不可分，便是一例。相比之下，風險平價策略是一個較佳的資產配置方法。

此策略可視為現代投資組合理論（Modern Portfolio Theory）的實用版。該理論本是資產配置的奠基性著作，為最佳投資組合（Efficient Portfolio）提供學術基礎。不過，由於該理論對輸入參數十分敏感（例如各項資產的預期回報、風險、相關系數等），些微變化也會令結果大大偏離最佳資產組合，因此難以在實際情況應用。

資產權重應與風險成反比

針對這個問題，風險平價策略改為專注於風險配置。由於資產的波幅較回報容易預測，因此便比較務實可用。

簡單而言，各項資產的權重（weighting），應與風險成反比。例

如，由於標普500指數與美國長年期國債ETF（TLT）的波幅差不多，所以投資各半，即可平衡兩者的風險。當資產類別增加到三個或以上，除了波幅之外，就亦要考慮各項資產之間的相關系數。

風險平價策略在兩個條件下，可以稱為現代投資組合理論內的最佳投資組合：（一）組合內所有資產的回報與波幅比例相同，（二）各項資產之間的相關系數相等。

附圖2.5顯示近20年來，各項主要資產的回報與波幅比例，可見長線而言，它們大致相若，第一個條件因而能夠滿足。

圖 2.5：各項資產回報與波幅長遠相若

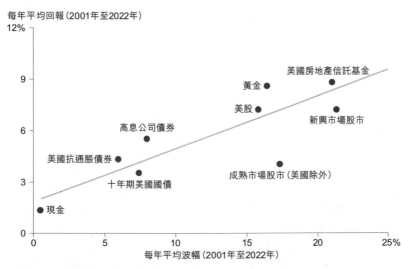

資料來源：Portfoliovisualizer.com

第二個條件，就比較棘手。資產的相關系數向來浮動多變，例如即使是關係相對穩定的股票及債券，其相關系數也會因為通脹急升，由一般情況下的負相關變成正相關。

有鑑於此，達里奧提出以經濟增長及物價變化兩大因素，來解釋資產價格的變動。只要根據這些不變的經濟規律行事，相應選取表現較佳的資產，並給予各種經濟環境相同的權重，便能夠有效分散風險，確保投資組合在任何情況下，都有穩定的回報。

5 買什麼看經濟 買幾多看波幅

前文一連談了多個重要的投資概念。現在，是時候總結資產配置之道，並講解如何利用不同資產，建立一個平衡的投資組合。

首先，正如本章開首已點出，組合內各項資產的相關性愈低，愈能減低投資風險。

這概念之所以重要，是因為分散風險，是提升回報與風險比例的最有效方法。投資的本質，涉及回報與風險的平衡，而非一味追求高回報。正如六合彩的回報雖然吸引，但虧損的風險更高，我們因而不會視它為可靠的投資工具，道理一樣。

按經濟環境選擇資產

透過回報與風險比例去思考投資，有助我們了解分散風險的驚人威力：當組合的風險，比大市少一半，投資者可能面對的虧損，就會較投資股票指數少一半，但其潛在回報，卻可以做到跟大市一樣。如果投資者為人比較進取，樂意承受與大市相等的風險，他可以將投資金額加倍，享受到比大市多一倍的潛在回報！

鑑於歷史數據估算的資產相關性，並不可靠，投資者應該按經濟增長及物價變化兩大基本因素，分析資產價格的變化及關聯，以決定買什麼來分散風險。

宏觀經濟環境不外乎四種：（一）經濟及物價同時上漲、（二）經濟向好而物價下跌、（三）經濟停滯而物價上漲，以及（四）經濟及物價雙雙下跌。

傳統資產配置方法的盲點在於，股票基金只賭第二種情景出現，債券基金只賭第四種情景，而股債基金，則押注第二及第四種情景。

因此，假如第一或第三種情況出現，這些做法便無險可守。2022年，股債雙殺，就是一例。

解決方法十分簡單，就是買齊四種情景下表現較佳的資產，即同時持有商品、股票、債券（見附圖2.3）。

值得強調的是，由於各項資產波幅不一，簡單地把資金平均分配到不同資產，是不能有效分散風險的。這是傳統60/40股債組合給予我們的教訓。

按資產波幅計算權重

正確的方法，是按資產波幅分配資金，以平衡風險。波幅較大的資產，在組合內的權重應該較低。唯有如此，才能確保各項資產

對投資組合的影響相等。

例如，資產甲的每年平均波幅為10%，而資產乙的每年平均波幅為5%。考慮到資產甲的波幅為資產乙的一倍，其在組合內的權重，應為資產乙的一半。換言之，資產甲應佔本金的三分一，而資產乙則佔三分二。簡單來說，在風險平價策略下，各項資產的權重，應與其波幅成反比。

參考歷史數據，商品的波幅較股票高約20%，而股票的波幅又高於長年期債券約20%。因此，一個平衡的投資組合，應持有約16%商品、24%股票、30%長年期國債及30%長年期抗通脹債券。這個粗略估算，與達里奧發展的「全天候策略」建議15%商品（包括黃金）、30%股票、40%長年期國債及15%中年期國債，大致相若。最主要的分別，在於包含長年期抗通脹債券的組合，能夠更好地平衡通脹上升的風險。

6 跨地域投資 毋懼地緣政治

近年愈來愈多港人投身美股。這也難怪。自金融海嘯以來，美股表現強勁，一枝獨秀。儘管標普500指數於2022年步入熊市，但如果從2009年起計，每年平均回報仍然高達13%。同期，美國以外的全球股票市場，每年平均回報只有6%，而且波幅較大，回報與波幅比率，不及標普500指數的一半。

美股表現亮麗毋庸置疑。不過，我們要知道，從來沒有一個國家的股票市場，可以長期維持優秀成績。不知讀者有否留意，美股在2000年代其實曾經敬陪末座，大幅落後於新興市場，尤其中國。1980年代，美國更是全球表現最差的國家之一。從1920年到1980年的整整60年間，美股的表現，亦遜於全球大市。當日的投資者，應該從未想像過今日的全球金融市場會是如此面貌。

分散風險較盲追升勢要緊

正如股票市場會有板塊輪動，不同國家股市的表現，亦時有逆轉。押注一個市場，風險甚高。

不同類別的資產（如股票、債券、商品等）如何相輔相成、有效

分散風險，前文已詳加闡釋。其實地域的分散，以至貨幣的分散，對投資同樣重要。

與其盲目追逐升勢，不如考慮新的投資市場，是否有助分散現有組合的風險。專注美國市場的投資者，宜透過投資其他發達國家或新興市場來分散風險。

例如兩大新興市場——中國及印度——的股票，與美股的相關性都較低，有助分散風險。這是因為三地的公司種類、市場結構，以至整體的投資及儲蓄狀況，均大不相同。此外，國際投資者在中國及印度的股票配置比例，對比經濟規模仍屬偏低。他們一旦增持，就很容易推動股市上漲。按地域分散投資的具體操作，會在第三章分享。

近年地緣政治衝突升溫，去全球化浪潮席捲各國，跨地域分散投資顯得日益重要。對大多數的投資者而言，與其相信所謂「眼光」，揀個股、博時機，不如承認我們無法掌握所有的變數，盡可能地分散投資。

7 資產配置 三大注意事項

2022年股債雙殺，令投資者損失慘重，甚至質疑資產配置策略是否從此失效。本文將討論分散投資表現可能比較失色的時期及成因。這是對資產配置保持信心，不可或缺的一步。

債券佔比高為平衡股市波幅

在此之前，容筆者先釐清一個誤解：相比傳統的60/40股債組合，分散投資（如「全天候策略」）的債券佔比較重，往往令人懷疑其卓越的表現是否全賴多年的債券牛市。其實這是一個誤會。

自第二次世界大戰以來，美國的利率周期可分為兩段時間：1946年至1981年的上升周期、1981年至2021年的下降周期。參考橋水基金的計算，「全天候策略」的回報與波幅比例，在利率上升及下降周期，都明顯較60/40股債組合，以至大市為之優勝。

「全天候策略」在不同利率周期都有較佳的表現，是因為它有效分散風險，不受制於個別經濟狀況。其債券佔比較重，只是為了平衡股票較大的波幅，令組合的風險得以有效分散，並非押注於債券表現較佳。

分散投資　日久見實力

當然，這不代表「全天候策略」在任何時候的表現，都較60/40股債組合優勝。由於60/40股債組合與股市表現十分密切，當股票跑贏其他資產時，主張分散投資的「全天候策略」便會較為失色。

不過，研究顯示，投資時間愈長，分散投資就愈有優勢。根據1925年至2015年的數據計算，選取任何5年時段，「全天候策略」近65%的時間，都較60/40股債組合優勝。假若投資時間長達20年，「全天候策略」更有80%時間佔優。

由此可見，「全天候策略」並不存在結構性的罩門。縱使表現一時遜於大市，亦只因股票暫時跑贏其他資產而已。

留意利率高低及環球局勢

筆者明白不是每位投資者都有以年計的耐性及信心作長線投資。當下一次分散投資表現欠佳，投資者可以思考這是否源於下列三大原因，以及情況持續的機會有多大。詳細分析及戰術性部署，會在第四章分享。

（一）極低利率環境削債券功能

每當經濟不景氣，股市失利，債價會隨利率下降而上升，從而為投資組合起定海神針之效。不過，當利率低至零，甚至跌至

負值時，進一步減息的空間有限，債券平衡股市下挫的效用，便會大減。

近十多年來，各國央行持續推行寬鬆貨幣政策，令極低利率環境成為常態（例如2009年至2015年，2020年至2021年）。當利率已經降至零，減息便難以有效刺激經濟。為了提振經濟，央行只好大舉買債，以降低融資成本，為市場注入更多的流動性（即量化寬鬆）。此舉卻嚴重扭曲了債市的正常運作，削弱債券在投資組合中的分散風險效果。在極低利率環境下，哪一項資產可以代替債券的地位，是投資一大挑戰。

(二) 利率飆升 資產皆貶值

加息本來並不可怕。1947年至1979年，美國就曾經歷過了漫長的加息周期。期間利率雖然升了近10厘，但因加息步伐緩慢有序，「全天候策略」的表現依然優秀。真正會帶來災難的，其實是利率急升。因為這不但會嚴重打擊經濟活動，更會令所有資產的折現值大幅下降。1979年，伏爾克（Paul Volcker）上任聯儲局主席。他為了遏抑通脹，就曾在短期內加息10厘。這段期間，所有資產都跑輸現金，美國更接連出現衰退，足足痛苦了兩年，美國經濟才漸漸復元，重新穩步發展。

八十年代的情況，或許只有少數人有印象，但2022年的慘況，相信大家都歷歷在目。聯儲局一年內加了4.25厘息，同時停止買債，縮減資產負債表，是為40年來最急速的緊縮政策。此時期內，差不多所有資產，都難逃利率急升的洗禮。標普500指數

及美國長年期國債ETF TLT,分別下挫了19%及32%。「全天候策略」亦錄得19%的負回報,為幾十年來最差的一年。

利率會否再度上漲,高息情況又會維持多久,無人能夠預料。可以肯定的只是,一個風險分散的投資組合,絕對不會長時間跑輸現金,大家可以拭目以待。

(三) 重大危機出現　大眾恐慌性拋售資產

例如2008年的環球金融危機。當極端的信貸問題出現,流動資金緊絀,大眾對金融體系失去信心,市場便會在骨牌效應下崩潰。當投資者「要錢唔要貨」,什麼資產都拋售,無論怎樣分散投資,也難免遭殃。

可幸,環球金融危機並未有持續,而期間「全天候策略」的最大跌幅只是12%,遠低於標普500指數約51%的跌幅。事實上,「全天候策略」在2008年依然錄得約3%的正回報,更是大幅跑贏標普500指數約37%的跌幅。

另一個例子,為2020年的病毒熊市。該年第一季兵荒馬亂,投資者慌忙拋售資產,股債商品無一倖免。雖然「全天候策略」曾一度下滑約14%,但整季而言,仍錄得2%的正回報。由此可見,除非經濟出現長期結構性轉變,否則一時的風浪,並不是那麼重要的。

堅持信念 力臻完善

每個策略都有長短處。最重要的,並不是你選擇了哪一條路,而是能否持之以恒,並力臻完善。初初涉足投資世界,每種方法都想去試試,問題不大。但一段時間之後,始終要決定好路向。投資路上,波折重重。山重水複之時,能否捱到柳暗花明,端視我們對投資策略的信念、對其背後原理的掌握。

8 資產配置組合大比併

理論還理論，分散投資的實際表現到底如何？本文將介紹三個經典的投資組合，與傳統的60/40股債組合、引言曾提及的「股債平衡組合」，以及達里奧的「全天候策略」，來個大比併。

首先出場的是著名投資機構Vanguard創辦人John Bogle的Three Fund Portfolio（簡稱「三合一組合」）。John Bogle是史上首個指數型基金的創辦人，一生致力於降低投資成本。他和畢非德一樣，認為主動型基金難以長期跑贏大市，故建議投資者不要追求打敗市場，而應以低成本方式，複製整體市場的表現。另外，為了分散風險，他建議投資者將 50% 資金購買美股，30% 分配至美國以外的全球股票市場，20% 投資美國長年期國債。

第二個是耶魯捐贈基金掌門人David Swensen的David Swensen Yale Endowment Portfolio（簡稱「耶魯組合」）。他管理下的耶魯捐贈基金，在1985年至2005年的每年平均回報，高達16%。他雖然亦強調分散風險，但認為債券及商品的回報較低，故較為偏重股票。他建議投資者將30%資金購買美股，15%投資美國以外的已開發股票市場，5%投資新興股票市場，20%購買房託基金，另外30%平均分配至美國長年期國債及抗通脹債券。

第三個是美國著名投資顧問 Harry Browne 的 Permanent Portfolio（簡稱「永恒組合」）。與前兩者不同，這組合以保本為主，務求在任何經濟環境下都能保護本金，其背後邏輯，與「全天候策略」相若。他建議投資者將資金平均分配至美股、美國長年期國債、黃金、現金。

這六大投資組合的資產分布及表現，分別見附表2.2及附表2.3。回顧過去16年的數據，以「永恒組合」、「全天候策略」、「股債平衡組合」的回報與風險比例最佳，其夏普比率都較標普500指數高約三成。同時，三者的波幅及最大跌幅，都明顯較細，特別適合保守的投資者。傳統的60/40股票債券組合，表現也不太差，對比標普500指數有一定的優勢。至於「耶魯組合」及「三合一組合」，成績卻略遜於大市。這主要是受美國以外股票市場表現不濟所拖累。

什麼是夏普比率？

夏普比率（Sharpe ratio），是衡量一項投資在風險調整後，相對於無風險資產表現的指標。粗略而言，可理解為回報與波幅比例。它的計算方法，是以資產回報減去無風險資產回報，再除以資產的波幅。換言之，它代表投資者額外承受的每一單位風險所獲得的額外回報。

表 2.2：六大投資組合的資產分布

資產	股債平衡組合	全天候策略	60/40股債組合	三合一組合	耶魯組合	永恒組合
美國股票市場（VTI）	50%	30%	60%	50%	30%	25%
美國以外的全球股票市場（VEU）	—	—	—	30%	—	—
美國以外的已開發股票市場（VEA）	—	—	—	—	15%	—
新興股票市場（VWO）	—	—	—	—	5%	—
房託基金（VNQ）	—	—	—	—	20%	—
總體債券市（BND）	—	—	40%	20%	—	—
美國長年期國債（TLT）	50%	40%	—	—	15%	25%
美國中年期國債（IEF）	—	15%	—	—	—	—
抗通脹債券（TIP）	—	—	—	—	15%	—
商品（DBC）	—	7.5%	—	—	—	—
黃金（GLD）	—	7.5%	—	—	—	25%
現金	—	—	—	—	—	25%

資料來源：Portfoliovisualizer.com

表 2.3：六大投資組合的表現

2007年1月 至 2022年12月	永恒 組合	全天候 策略	股債 平衡 組合	60/40 股債 組合	標普 500 指數	耶魯 組合	三合一 組合
每年平均回報	5.7%	6.1%	7.2%	6.6%	8.5%	5.9%	5.9%
每年平均波幅	7.2%	8.1%	9.6%	10.1%	16.0%	12.3%	13.3%
夏普比率	0.7	0.7	0.7	0.6	0.5	0.5	0.4
最大跌幅	-15.9%	-21.4%	-27.4%	-30.7%	-51.0%	-39.7%	-43.8%

資料來源：Portfoliovisualizer.com

從以上圖表結果清楚顯示，按經濟環境分散風險的策略，回報與風險比例最佳。事實上，即使簡單如「永恒組合」，表現亦較大市為之優勝。

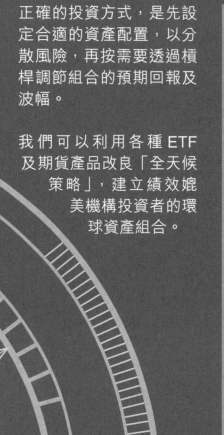

第三章

正確的投資方式，是先設定合適的資產配置，以分散風險，再按需要透過槓桿調節組合的預期回報及波幅。

我們可以利用各種 ETF 及期貨產品改良「全天候策略」，建立績效媲美機構投資者的環球資產組合。

ETF 組合 簡易投資環球資產

1 股票ETF 盡攬不同市場

站到巨人的肩膀上，可以看得更遠。有賴「全天候策略」開創先河，現在我們有了極好的參考，可以建立績效更佳的資產配置。

本章將分別介紹三大資產，即股票、債券、商品的詳細分類，並列舉一些ETF產品。此外，亦會講述如何善用槓桿分散投資。最後總結不同資產配置選項，幫助讀者建立屬於自己的投資組合。

首先是股票。環球股票選擇眾多，要逐間公司購買股份，不但費事失時，更難以管理投資組合。ETF的出現，為大眾省卻不少煩惱，特別有助散戶分散投資。透過購買一籃子的股票，ETF可追蹤特定範圍資產的表現，大致可分為五種：區域、國家、規模、主題、投資風格。

摒棄本土偏見 放眼環球機會

第一，以區域劃分，較普遍的ETF有投資全球股票市場的 Vanguard Total World Stock Index Fund ETF（VT）、投資美國市場的Vanguard Total Stock Market Index Fund ETF（VTI）、美國以外的已開發市場Vanguard FTSE Developed Markets

ETF（VEA）、新興市場Vanguard FTSE Emerging Markets ETF（VWO）。這些ETF涵蓋範圍極廣，尤其適合用作分散投資，有助投資者摒棄本土偏見（home bias），把握其他市場的機會。

筆者前文曾建議專注美國市場的投資者，透過投資其他發達國家或新興市場來分散風險（見第二章2.6節關於跨地域分散投資）。我們可以循這思路，改善「全天候策略」內的股票部分，即佔比30% 的美股ETF VTI，令股票投資更為分散。方法之一，是將部分VTI的投資，轉至VEA及VWO。另外一個更簡單的做法，是直接將全數VTI改為投資VT。

第二，以國家劃分。ETF產品涵蓋眾多股票市場。例如德國iShares MSCI Germany ETF（EWG）、加拿大iShares MSCI Canada ETF（EWC）、澳洲iShares MSCI Australia ETF（EWA）、日本iShares MSCI Japan ETF（EWJ）、巴西iShares MSCI Brazil ETF（EWZ）、印度iShares MSCI India ETF（INDA）等。投資個別國家的股票市場時，要留意當地經濟、政治、滙率等風險。尤其是滙率，有時會令你即使看中股市表現，都落得輸錢收場。2022年日圓對美元大幅貶值，一度令EWJ（即沒有對沖滙率風險的日股）與有對沖滙率風險的日本iShares Currency Hedged Msci Japan ETF（HEWJ）表現相距超過23%，正是一例（見附圖3.1）。

圖 3.1：滙率風險嚴重影響股價

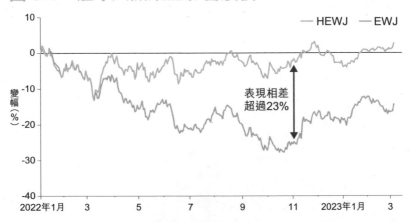

資料來源：彭博。
註：變幅為對比 2022 年 1 月 3 日的價格改變，數據截至 2023 年 3 月。

中小型股不宜佔比太大

第三，以規模劃分。以美國上市公司為例，可分為大型股 SPY（即標普 500 指數）、中型股 iShares Core S&P Mid-Cap ETF（IJH）、小型股 iShares Core S&P Small-Cap ETF（IJR）。一般來説，較大型的公司，較為成熟穩定，業務發展較慢，股價的增長及波幅往往較低。不過，所謂的規模大小，是相對概念。美國小型股的市值，若放在新興市場，可能已經屬於中、大型股。另外，即使投資者鍾情中小型股，佔比亦不宜太大，否則投資組合的風險，便會過分集中於股票之上。

第四，以主題劃分。當中最著名者，必屬追蹤美國納斯特 100 指數的 The Invesco QQQ Trust ETF（QQQ）。另外，2022 年

表現突出的標普500指數能源股（XLE），亦一度大受追捧。至於方舟基金（ARK Invest）創辦人Cathie Wood領軍的創新科技ETF（ARKK），則是主動型投資，即不追蹤特定指數，全由基金經理操盤選股。其餘熱門主題ETF，有美國上市的半導體股iShares Semiconductor ETF（SOXX）、前文已介紹過的美國房地產信託基金（VNQ）、追蹤網絡安全股First Trust NASDAQ Cybersecurity ETF（CIBR）等。

不同投資風格適合各經濟周期

最後是投資風格ETF。其理論基礎，為分析股票回報率來源的因子投資模型（Factor Investment Model）。著名的法馬—佛倫奇三因子模型（Fama-French Three-factor Model），便是以市場風險（即 Beta）、公司規模、市淨率三個因素來解釋股票回報的。發展至今，較常使用的因子，有價值、質量、動能、股息率、波幅和規模等。

美國市場上，這種ETF有羅素2000指數的小型價值股iShares Russell 2000 Value ETF（IWN）、羅素2000指數的小型增長股iShares Russell 2000 Growth ETF（IWO）、動能因子股iShares MSCI USA Momentum Factor ETF（MTUM）、低波動股iShares MSCI USA Min Vol Factor ETF（USMV）、高股息股Vanguard High Dividend Yield ETF（VYM）、標普500指數優質股Invesco S&P 500 Quality ETF（SPHQ）等。不同投資風格的ETF，在經濟周期各階段，會有不同表現，適宜用作戰術性部署。例如在加息周期，價值股的表現一般會較增長股為佳。大牛市時，動能因

子股的成績，則往往較為突出。

附表 3.1 總括上述各種 ETF，並列出其費用率及資產管理規模，供讀者參考。

表 3.1：各類型股票 ETF 列表

分類	ETF 全名	ETF 代號	投資範圍	費用率	資產管理規模（美元）
區域	Vanguard Total World Stock ETF	VT	全球	0.07%	240 億
	Vanguard Total Stock Market ETF	VTI	美國	0.03%	2,605 億
	Vanguard FTSE Developed Markets ETF	VEA	美國以外已開發市場	0.05%	1001 億
	Vanguard FTSE Emerging Markets ETF	VWO	新興市場	0.08%	679 億
國家	iShares MSCI Germany ETF	EWG	德國	0.50%	12 億
	iShares MSCI Canada ETF	EWC	加拿大	0.50%	36 億
	iShares MSCI Australia ETF	EWA	澳洲	0.50%	16 億
	iShares MSCI Japan ETF	EWJ	日本	0.50%	92 億

分類	ETF 全名	ETF 代號	投資範圍	費用率	資產管理規模（美元）
國家	iShares Currency Hedged MSCI Japan ETF	HEWJ	日本（美元日圓對沖）	0.50%	1.5億
	iShares MSCI Brazil ETF	EWZ	巴西	0.58%	48億
	iShares MSCI India ETF	INDA	印度	0.64%	47億
規模	SPDR S&P 500 ETF Trust	SPY	標普500指數（大型股）	0.09%	3625億
	iShares Core S&P Mid-Cap ETF	IJH	美國（中型股）	0.05%	625億
	iShares Core S&P Small-Cap ETF	IJR	美國（小型股）	0.06%	638億
主題	Invesco QQQ Trust	QQQ	美國科技股（納斯特100指數）	0.20%	1453億
	Energy Select Sector SPDR Fund	XLE	美國能源股（標普500指數）	0.10%	402億
	ARK Innovation ETF	ARKK	創新科技股	0.75%	61億
	iShares Semiconductor ETF	SOXX	美國上市的半導體股	0.35%	55億

分類	ETF 全名	ETF代號	投資範圍	費用率	資產管理規模（美元）
主題	Vanguard Real Estate ETF	VNQ	美國房地產信託基金	0.12%	328 億
	First Trust NASDAQ Cybersecurity ETF	CIBR	網絡安全股	0.60%	44 億
投資風格	iShares Russell 2000 Value ETF	IWN	美國小型價值股（羅素 2000 指數）	0.23%	117 億
	iShares Russell 2000 Growth ETF	IWO	美國小型增長股（羅素 2000 指數）	0.23%	93 億
	iShares MSCI USA Momentum Factor ETF	MTUM	美國動能因子股	0.15%	120 億
	iShares MSCI USA Min Vol Factor ETF	USMV	美國低波動股	0.15%	297 億
	Vanguard High Dividend Yield ETF	VYM	高股息股	0.06%	498 億
	Invesco S&P 500 Quality ETF	SPHQ	優質股（標普 500 指數）	0.15%	35 億

資料來源：https://www.etf.com/。數據截至 2022 年底。

必須強調的是，股票ETF五花八門，有時名稱雖然相似，但實際的投資策略、追蹤的指數、選股方式等，可以差天共地。讀者宜小心分析ETF產品內容，尤其是持股分布。另外，筆者亦建議選取已經營運數年、資產管理規模較大、交易量較高、買賣價差較細、追蹤偏差較小的ETF。

不同ETF產品的資料，可參考以下網址：
🖐 https://www.etf.com/
🖐 https://etfdb.com/

2 債券ETF 國債配通脹掛鈎債券

對比股票ETF，債券ETF的分類較為簡單，主要是取決於由誰發行。國家發行的稱為國債，企業發行的則稱為公司債。債券的本質是一紙借據。除非發行人破產倒閉，否則債券持有人可在到期日連本帶利，憑據贖回。違約風險愈低、借貸時間愈短，所賺的利息會愈少。

國債以通脹掛鈎及年期分類

國債可以分為是否與通脹掛鈎兩種，並設有不同的借貸期限。以美國為例，最為人所熟悉的是10年期國債。另外，兩年期及30年期國債亦廣受關注。三者大致反映短、中、長期的借貸息率。由於美元是全球最大的國際儲備貨幣，故美國政府發行的債券，一般被視為最安全的資產，其息率更是無風險利率的標準。

直接購買這些國債，資金門檻十分高，債券ETF正好提供了低成本的入場渠道。要注意的是，由於債券ETF會不斷更新持倉，當組合內的債券期限一過，就會被賣掉換入新的，以維持其年期設定，因此，與直接購買債券不同，債券ETF並沒有到期日，其價格走勢，更為緊貼利率變化。

繼續以美國為例。不同借貸期限的國債ETF，分別有1至3年期的SHY、3至7年期的iShares 3-7 Year Treasury Bond ETF（IEI）、7至10年期的iShares 7-10 Year Treasury Bond ETF（IEF）、20年期或以上的TLT、20至30年期零息的 Vanguard Extended Duration ETF（EDV）。至於通脹掛鈎債券ETF，選擇較少，例子有到期日少於5年的iShares 0-5 Year TIPS Bond ETF（STIP）、到期日至少一年的iShares TIPS Bond ETF（TIP）、到期日至少15年的PIMCO 15+ Year U.S. TIPS Index Fund（LTPZ）。

分散投資不同年期及地方的國債

其他國家的債券ETF，以地區劃分，有美國以外已開發市場、到期日至少一年的iShares International Treasury Bond ETF（IGOV），新興市場以美元計價、到期日至少兩年的iShares JPMorgan USD Emerging Markets Bond ETF（EMB），還有新興市場以本幣計價、到期日至少兩年的iShares JP Morgan EM Local Currency Bond ETF（LEMB）。

這些債券ETF，有助分散「全天候策略」內的債券部分，即分別佔比15%的美國中年期國債ETF IEF及40%的美國長年期國債ETF TLT。由於不同年期的債券，對利率及經濟環境的敏感度不一，因此，投資不同年期的國債ETF，如SHY、IEI、IEF、TLT、EDV，有助進一步分散風險。另外，投資通脹掛鈎債券ETF，以及美國以外的國債，亦可降低通脹及地域風險。

不過，這些債券ETF的年期一般較短，其價格對利率變化，較不

敏感。因此，在不使用槓桿的情況下，難以平衡股票及商品的風險，達致風險平價。本章稍後會專文講解如何利用槓桿分散投資。

公司債與股票相關性較高

國債以外，公司債的市場亦頗有規模。它們主要以違約風險分類，如美國投資級別公司債iShares iBoxx USD Investment Grade Corporate Bond ETF（LQD），以及美國高收益公司債iShares iBoxx USD High Yield Corporate Bond ETF（HYG）（又稱為垃圾債或非投資級別債）。前者的違約風險較低，息率亦較低。

公司債牽涉個別企業的營運風險。即使是投資級別的公司債，亦與股票存在較高的正相關性，分散風險的效果，因而會較差，尤其是與國債相比。事實上，高收益公司債的息率，往往被用來衡量市場風險。每當經濟不穩，市場陷入危機，人們便會擔心這些公司債違約，並將其拋售，導致其息率上升。附圖3.2是1997年至2023年初美國高收益公司債息率的走勢，灰色部分為美國經濟衰退時期，當中顯示高收益公司債息率往往隨之飆升。

圖 3.2：美國高收益公司債息率隨經濟危機急升

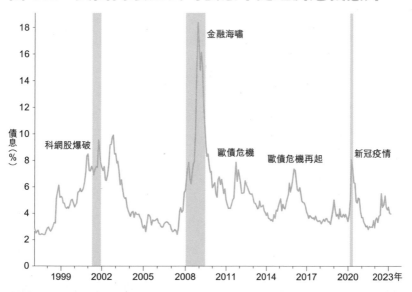

資料來源：Ice Data Indices, LLC

附表 3.2 總結剛才提及的各種債券 ETF，並列出其存續期
（duration）、到期孳息率（yield to maturity）、費用率、資產管
理規模，供讀者參考。

當中，存續期是衡量債券價格對市場利率變化敏感度的指標。以
TLT 為例，存續期是 17.4，即當市場利率上升一個百分點，TLT
的價格會下跌 17.4%；至於 SHY，存續期為 1.8，僅是 TLT 的十
分一。換言之，要投放十倍資金於 SHY，其回報才會與 TLT 相
若。另外，到期孳息率為預計持有債券至到期日、所得到的回報
率。有意投資債券的讀者，宜多留意這兩項數據。

表 3.2：各類型債券 ETF 列表

發行單位	ETF 全名	ETF代號	投資範圍	存續期	到期孳息率	費用率	資產管理規模（美元）
國家	iShares 1-3 Year Treasury Bond ETF	SHY	美國國債（1至3年期）	1.8	4.5%	0.15%	275億
	iShares 3-7 Year Treasury Bond ETF	IEI	美國國債（3至7年期）	4.4	4.0%	0.15%	117億
	iShares 7-10 Year Treasury Bond ETF	IEF	美國國債（7至10年期）	7.7	3.7%	0.15%	229億
	iShares 20+ Year Treasury Bond ETF	TLT	美國國債（20年期或以上）	17.4	4.0%	0.15%	267億
	Vanguard Extended Duration Treasury ETF	EDV	美國零息國債（20至30年期）	24.2	4.1%	0.06%	14億
	iShares 0-5 Year TIPS Bond ETF	STIP	美國通脹掛鈎債券（到期日少於5年）	2.1	4.4%	0.03%	132億
	iShares TIPS Bond ETF	TIP	美國通脹掛鈎債券（到期日至少一年）	5.5	4.3%	0.19%	230億

發行單位	ETF全名	ETF代號	投資範圍	存續期	到期孳息率	費用率	資產管理規模（美元）
國家	PIMCO 15+ Year US TIPS Index ETF	LTPZ	美國通脹掛鈎債券（到期日至少十五年）	13.1	4.2%	0.20%	6億
	iShares International Treasury Bond ETF	IGOV	美國以外的已開發市場國債	8.1	2.8%	0.35%	11億
	iShares JP Morgan USD Emerging Markets Bond ETF	EMB	新興市場國債（美元計價）	7.3	7.3%	0.39%	146億
	iShares J.P. Morgan EM Local Currency Bond ETF	LEMB	新興市場國債（本幣計價）	4.9	7.7%	0.30%	4億
企業	iShares iBoxx USD Investment Grade Corporate Bond ETF	LQD	美國投資級別公司債	8.4	5.3%	0.04%	353億
	iShares iBoxx USD High Yield Corporate Bond ETF	HYG	美國高收益公司債	3.8	8.3%	0.48%	164億

資料來源：https://www.etf.com/。數據截至 2022 年底。

3 商品ETF
買齊黃金及各類商品

近年商品價格急升，吸引了不少投資者注意。不過，普羅大眾太習慣於股票投資，往往不自覺地為自己設了限，忽略了其他工具。例如明明看好的是金價，卻去了買金礦股。想賭油升，就隨便買隻油股。問題是，若不認清上、中、下游業務的分別，每隔一重，中間就多了一重的風險、變數。

圖 3.3：原油 ETF 2022 年跑贏三桶油

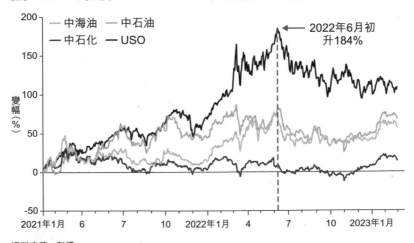

資料來源：彭博。
註：變幅為對比 2021 年 1 月 4 日的價格改變，數據截至 2023 年 3 月。

ETF不乏追蹤油價走勢，例如追蹤紐約期油的美國石油指數基金（United States Oil Fund, USO）。以之比較三桶油自2021年起的股價變化，可見USO在2022年6月一度錄得184%升幅，反觀同期中石油（00857）股價只進賬80%、中海油（00883）升75%、中石化（00386）微升8%。假若投資者看好原油大牛市，但卻投資錯了公司，那就後悔不已了。

想真正受惠於商品大牛市，我們應該直接購買原材料，而非持有開採、提煉、加工等的公司股票，以避免個別企業的營運風險。商品ETF，正好讓投資者涉足這個市場，並有助分散股債組合的風險。

懶人ETF囊括14種商品

商品可以籠統分為三大類：農產品、金屬、能源。農產品中的ETF例子，有小麥的Teucrium Wheat Fund（WEAT）及糖的Teucrium Sugar Fund（CANE）；金屬類別中，有黃金的SPDR Gold Trust（GLD）、白銀的iShares Silver Trust（SLV）、銅的United States Copper Index Fund（CPER）等。能源類別中，則有石油的USO、天然氣的United States Natural Gas Fund LP（UNG），以至是新興的碳排放權KraneShares Global Carbon Strategy ETF（KRBN）等。

除了這些追蹤個別商品的ETF外，亦有一些綜合型商品ETF。例如涵蓋10種農產品的 Invesco DB Agriculture Fund（DBA）、包含三種基本金屬的Invesco DB Base Metals Fund（DBB）、覆蓋

五種能源的 Invesco DB Energy Fund（DBE）。另外，Invesco DB Commodity Index Tracking Fund(DBC)包括農產品、金屬、能源下14種主要商品，特別適合怕煩而又想分散風險的投資者。

參考「全天候策略」內的商品部分，即黃金ETF的GLD及綜合型商品ETF的DBC各佔組合的7.5%，讀者大可維持黃金的7.5%佔比，以受惠於其獨特的貨幣屬性。不過，DBC就有太過偏重能源商品的缺憾，其中一個改善方法，是改為投資DBA、DBB、DBE，以平衡不同類別商品的比重。

附表3.3總結上述各種ETF，並列出其費用率及資產管理規模，供讀者參考。

表 3.3：各類型商品 ETF 列表

分類	ETF 全名	ETF 代號	投資範圍	費用率	資產管理規模（美元）
農產品	Teucrium Wheat Fund	WEAT	小麥	1.14%	2億
	Teucrium Sugar Fund	CANE	糖	1.14%	2億
金屬	SPDR Gold Trust	GLD	黃金	0.40%	532億
	iShares Silver Trust	SLV	白銀	0.50%	112億
	United States Copper Index Fund	CPER	銅	0.85%	2億

分類	ETF 全名	ETF 代號	投資範圍	費用率	資產管理規模（美元）
能源	United States Oil Fund LP	USO	石油	0.81%	20億
能源	United States Natural Gas Fund LP	UNG	天然氣	1.11%	4億
能源	KraneShares Global Carbon Strategy ETF	KRBN	碳排放權	0.78%	6億
綜合	Invesco DB Agriculture Fund	DBA	農產品	0.93%	11億
綜合	Invesco DB Base Metals Fund	DBB	基礎金屬	0.77%	2億
綜合	Invesco DB Commodity Index Tracking Fund	DBC	商品	0.87%	26億
綜合	Invesco DB Energy Fund	DBE	能源	0.77%	2億

資料來源：https://www.etf.com/。
數據截至 2022 年底。

小心留意ETF與ETN的分別

商品ETF普遍透過期貨市場追蹤價格表現。由於不同到期日的期貨，與現貨價存有價差，加上期貨到期後涉及轉倉成本，這些ETF的費用率，一般都較股票及債券ETF為高。不過，對大部分

個人投資者來説，商品ETF容許較靈活的資金調配，遠較期貨產品容易管理。

最後，市場上亦有一些商品ETN（exchange-traded notes）。ETN為無抵押債務證券，其運作模式類似債券，背後並不持有實物。投資者只能相信發行商會按該商品的價格變化，向其付款。相對於ETF，ETN的優勢為沒有追蹤偏差。不過要留意，發行商一旦倒閉，投資者便會血本無歸。

4 活用槓桿
賺Beta不止於股市

一連三篇文章，詳細分析了股票、債券、商品種種ETF選擇，以及如何以此作分散投資，改良「全天候策略」。本文將進一步講解如何善用槓桿，做到高效的資產配置。

投資世界存在各種各樣的誤解，其中之一，就是對槓桿的莫名恐懼。

「槓桿」似乎是高風險的代名詞，其實，它只是一種中性的工具，用來將投資金額及風險倍大至特定水平。忌諱槓桿，猶如削足適履，自行放棄一種投資利器。為了取得較高回報，投資者只好將貨就價，將更多資金分配至風險較高的資產，結果，風險相對於回報率，比用槓桿還高。如此折衷，既不必要，亦降低了投資組合的效率（即相對於風險而言，回報率較低）。

對槓桿有偏見　反被利用漁利

以股票市場為例，部分監管機構，會限制機構投資者槓桿購買指數基金，但卻容許他們購買風險較高的股票。這並不代表槓桿真的比這些股票危險。事實上，以槓桿一倍購買標普500指數，風險遠較一注獨贏細價股為低。

一些聰明的投資者，就覷準這個機會，反其道而行，藉此漁利，例如採取 Bet Against Beta 策略者。此策略的理念，正源於投資者因為無法活用槓桿，而過分增加高啤打系數（Beta）股票的比重，以求獲得較高回報。在此情況下，只要透過槓桿買入低啤打系數股票，並沽空高啤打系數股票，便能輕易獲利。

同樣的情況，亦見於債券市場。年期較短的國債ETF，如SHY，IEI及IEF，其回報與風險比例皆較年期逾20年的TLT為高。這反映有人礙於槓桿限制，被迫以溢價購買後者。於是，較進取的投資者，可以透過槓桿買入年期較短的國債，同時沽空年期較長的國債，藉此套利。即使是較保守的投資者，亦可透過分散投資SHY、IEI，IEF及TLT，以改善側重於TLT的「全天候策略」。

研究顯示，Bet Against Beta 策略在各地股票市場、債券市場、信貸市場等，都屢奏奇效。而且，該市場對槓桿的限制愈嚴，Bet Against Beta策略便愈有效、回報就愈豐厚。

什麼是Beta？

投資回報可拆解為三個部分：
（一）現金回報；
（二）高於現金的市場回報（beta）；
（三）高於大市的主動投資回報（alpha）。

先講現金。其實不投資也是投資，只不過是投資於現金而已，變相賭所有資產的表現都差過現金。可是，隨着社會發展、經濟增長、物價上漲，絕大多數時候持有現金，都只會令購買力下跌。即使是全球最重要的儲備貨幣——美元——其購買力亦由1971年的6.4，大幅下跌至2020年的1。換言之，美元的購買力在半個世紀，下跌近84%。

緊抱現金的另一極端，就是一味崇拜alpha。具體例子，是熱衷於研究選股、擇時。人都傾向認為自己比一般人聰明，自信有能力成為「Alpha Male」，獨領風騷，並因此看不起沉默踏實的beta。可是，投資市場上，一人之所得，永遠是另一人之所失。要持續在專業投資者的手下，找到生存空間，長期勝出這零和遊戲，並非普羅市民可以輕易做到的事。

其實獲得投資收益的方法中，最可靠的，唯獨beta。連畢非德也認為，最好的投資策略，就是以平均成本法，定期買入股票指數，以享受整體大市表現。

另外，beta亦普遍用於比較不同資產的波幅。較常用的基準為標普500指數。例如，某一股票的波幅為標普500指數的1.5倍，其beta便為1.5。波幅高於大市的股票，即beta大於1者，統稱為高啤打系數。

利用槓桿　擴展投資版圖

個人投資者的優勢為靈活敏捷，可以自由運用槓桿，不需要依賴高風險資產來提升回報之餘，甚至可以利用這些機會，反勝機構投資者。

不過，要善用槓桿，首先要打破一個迷思，就是「投資股票，回報比其他資產高」。股票的回報率，表面上雖然高於債券，但這其實是較大波幅帶來的錯覺。以回報與波幅比例計算，兩者的表現，不相伯仲。

事實上，不同資產的回報與波幅比例，長遠來說都差不多（見附圖2.5）。在哪一個市場賺錢，分別並不大。因此，投資者不應作繭自縛，一味瞓身股市。

低風險、低回報的資產，可以透過槓桿，轉化為高風險、高回報的資產。這對提升投資表現，極為重要。因為這意味着，為了分散風險而購買債券、商品等不同資產，並不會拖低組合回報。投資者不再受限於股票市場，可以自由擴展資產配置版圖。

舉個例，假設你要求每年平均回報達30%。以前你可能會選擇「瞓身」細價股或高增長股，但現在你就知道，以槓桿買入行業風險較為分散的標普500指數，乃至槓桿投資「全天候策略」，都會是更聰明的做法。因為預期回報一樣，但所承受的風險卻較低。

既然各項資產都可以透過槓桿，將其回報調整至與股票相若的水平，那麼投資組合的優劣，就取決於資產之間的風險分散程度。這正好呼應第二章所強調的資產配置之道。只要按不同經濟環境分配資產，投資者在任何情況下，都能賺取 beta。

5 槓桿ETF及期貨操作實例

坊間有不少投資產品，可以方便大眾以小博大，例如窩輪、牛熊證、差價合約（contract for difference，簡稱CFD）等。本文將重點介紹最簡單實用的槓桿ETF及期貨，並分享槓桿操作例子。

槓桿ETF及期貨在美國甚為蓬勃。由於交投活躍，這些產品的費用率及買賣價差並不算高。以標普500指數為例，ProShares Ultra S&P 500（SSO）為兩倍槓桿ETF，ProShares UltraPro S&P500（UPRO）則是3倍槓桿ETF。至於納斯特100指數，其兩倍槓桿及3倍槓桿ETF，分別是ProShares Ultra QQQ（QLD）及ProShares UltraPro QQQ（TQQQ）。上述ETF的每年費用率約為1%，買賣十分方便，入場門檻極低。

槓桿ETF每天計價存追蹤偏差

不過讀者要注意，當大市處於橫行上落時，長期持有槓桿ETF，可以造成頗大的損失。槓桿ETF一般是每天計價的。當市況波動時，計價會有較大的追蹤偏差（tracking error），長期持有的代價因而會較高。以槓桿3倍標普500指數的UPRO為例，假設標普500指數先上升5%，第二日又下跌5%，那麼，UPRO的價

格便會先上升15%，然後下跌15%。一來一回，標普500指數的價格並沒有什麼變動，可是，UPRO的價格，卻下跌了2.25%（1.15×0.85＝0.9775）。

當然，假若大市持續向好，投資者便可以受惠於追蹤偏差。例如當標普500指數連續兩日上升5%，UPRO的價格便會上升32%（1.15×1.15＝1.3225），而不只是30%。反之，看錯市的代價也會較大。這個追蹤偏差，是槓桿ETF的最大缺點。除了橫行市時的價格損失外，更大的問題是令投資者難作預算。原本準備以3倍槓桿操作，但實際表現及波幅卻不止於此。

圖 3.4：SPY 重回原位，但 UPRO 卻繼續跌 （綠框示）

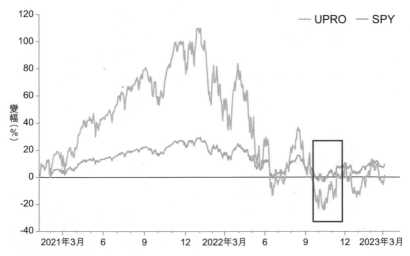

資料來源：彭博。
註：變幅為對比2021年1月4日的價格改變，數據截至2023年3月。

期貨入場門檻高涉轉倉成本

與槓桿 ETF 相比，期貨就沒有追蹤偏差的問題，槓桿更可以做得十分進取，但入場門檻就較高。以面額最細的標普 500 指數期貨 Micro E-mini S&P 500 futures（MES）為例，每點價值 5 美元。以標普 500 指數 4000 點計算，一張 MES，就價值 2 萬美元，即接近 16 萬港元。保證金為 1060 美元，槓桿水平近 19 倍。至於納斯特 100 指數期貨 Micro E-mini Nasdaq-100 Index Futures（MNQ），每點價值兩美元。以 1.2 萬點計算，一張 MNQ 價值為 2.4 萬美元（接近 19 萬港元）。其保證金為 1580 美元，槓桿水平約 15 倍。

期貨一般以數月為期。在到期日前，投資者需要平倉，再購買期限較遠的產品做「轉倉」。不同期限的期貨存有價差，透過期貨作槓桿操作，涉及轉倉成本。實際價差視乎市場狀況、交投量等因素而定。詳細的成本分析，可參考芝加哥商業交易所網頁： https://www.cmegroup.com/tools-information/quikstrike/big-picture-tca-tool.html。

附表 3.4 總結不同的槓桿 ETF 及期貨，並列出其費用率及所需保證金，供讀者參考。

表 3.4：各類型槓桿 ETF 及期貨列表

分類	ETF/期貨全名	ETF/期貨代號	投資範圍	費用率/保證金
股票	ProShares Ultra S&P 500	SSO	標普500指數（2倍槓桿）	0.89%
	ProShares UltraPro S&P500	UPRO	標普500指數（3倍槓桿）	0.91%
股票	ProShares Ultra QQQ	QLD	納斯特100指數（2倍槓桿）	0.95%
	ProShares UltraPro QQQ	TQQQ	納斯特100指數（3倍槓桿）	0.95%
	Micro E-mini S&P 500 Index	MES	標普500指數（期貨）	USD 1060
	Micro E-mini Nasdaq-100 Index	MNQ	納斯特100指數（期貨）	USD 1580
債券	ProShares Ultra 7-10 Year Treasury	UST	美國國債（7至10年期）（2倍槓桿）	0.95%
	Direxion Daily 7-10 Year Treasury Bull 3x Shares	TYD	美國國債（7至10年期）（3倍槓桿）	1.07%
	ProShares Ultra 20+ Year Treasury	UBT	美國國債（20年期或以上）（2倍槓桿）	0.95%

分類	ETF/期貨全名	ETF/ 期貨代號	投資 範圍	費用率/ 保證金
債券	Direxion Daily 20+ Year Treasury Bull 3X Shares	TMF	美國國債 （20年期或以上） （3倍槓桿）	1.00%
	2-year T-Note Futures	ZT	美國國債 （2年期）（期貨）	USD 1125
	5-year T-Note Futures	ZF	美國國債 （5年期）（期貨）	USD 1500
	10-year T-Note Futures	ZN	美國國債 （10年期）（期貨）	USD 2200
	Ultra U.S. Treasury Bond	UB	美國國債 （20年期或以上） （期貨）	USD 6500
商品	ProShares Ultra Bloomberg Crude Oil	UCO	石油 （2倍槓桿）	1.62%
	ProShares Ultra Gold	UGL	黃金 （2倍槓桿）	0.95%
	Micro WTI Crude Oil	MCL	石油（期貨）	USD 700
	Micro Gold	MGC	黃金（期貨）	USD 630

資料來源：https://www.etf.com/ 及 https://www.cmegroup.com/。
數據截至 2022 年底。

靈活運用槓桿 ETF 及期貨

以實際操作為例，假設你想以兩倍槓桿投資「全天候策略」（即60%美股、80%美國長年期國債、30%美國中年期國債、15%黃金、15%商品），那麼，你可以：

1. 將20%資金買入標普500指數的3倍槓桿ETF（UPRO）；

2. 將32%資金購買美國長年期國債的3倍槓桿ETF（TMF）（按：為簡化操作，80%美國長年期國債及30%美國中年期國債，可合併為95%長年期國債，因美國中年期國債的波幅約為長年期國債的一半）；

3. 其餘資金，可直接購買沒有槓桿的ETF，即15%投資於GLD、15%投資於DBC；

4. 最後保留餘下18%現金。

投資者亦可以混合使用槓桿ETF及期貨。例如你持有10萬美元本金，想做兩倍槓桿，那麼，你既可以按上述安排操作，亦可以利用3張MES期貨取代UPRO部分，以騰出更多現金。

對比其他衍生工具，槓桿ETF及期貨的市場深度較佳，定價亦較為合理，能夠讓大家更靈活、更有效地調節投資組合的風險水平。既適合專業投資者，亦適合散戶。

6 自製投資組合 邁向財務自由

完成了第一章1.8節「全天候財務自由規劃」理財表格的讀者，相信已經對自己的收支、資產負債狀況，乃至達成財務自由所需金額，了然於胸。既已訂下了清晰的目標，又掌握了資產配置之道，以及各種ETF和期貨工具，現在，就是時候落場投資。

本文將按之前的理財計劃案例，講解如何制定投資計劃。視乎讀者的目標及風險承受能力，可參考以下流程，制定適合自己的投資安排。

（一）訂下目標 評估風險承受能力

根據理財計劃案例的情況，想在20年內達致財務自由，所需的每年平均回報率，為13%。若較為保守，只要每年平均回報率達8%，亦可以在30年內安穩退休。能夠愈快達致財務自由，當然愈好，但是時間愈短，所需的回報率便愈高，伴隨的風險亦會愈大。時間、回報、風險，三者的平衡取捨，是訂立一個合適目標的關鍵所在。

其實有一個簡單準則，可以評估你的回報目標是否過於進取。

那就是自問會否因為每日的賬面波幅，而擔心到「食唔安、瞓唔落」。正所謂欲速則不達。過於進取的目標，會帶來沉重的壓力，令自己膽戰心驚、在情緒影響之下做錯決定，或者中途棄械投降。假如你發現自己其實未準備好承受10%的虧損，那暫時你就不宜期望有10%的回報了。

（二）分配資產 平衡風險

理想的投資方法，是先設定合適的資產配置，以分散風險，再透過槓桿調節組合的預期回報，而非將貨就價，為追求高回報，「瞓身」個別資產。最簡單的做法，是按「全天候策略」分配資產到不同的ETF，即30%美股VTI、40%美國長年期國債TLT、15%美國中年期國債IEF、7.5%綜合商品DBC、7.5%黃金GLD。

圖 3.5：「全天候策略」ETF 組合

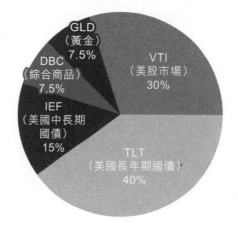

鍾情中港市場的投資者，可將部分美股改為投資盈富基金
（02800）、追蹤富時中國A50指數的安碩A50（02823）、追蹤滬
深300指數的安碩滬深三百（02846）等，以建立一個中美版的
「全天候策略」。同時，投資者亦可考慮將部分美國國債換作中國
國債。較為普遍的ETF，有華夏彭博中國國債＋政策性銀行債券
指數ETF（02813）、工銀南方東英富時中國國債及政策性銀行
債券指數ETF（03199），兩者都於港交所掛牌，以及在美國掛
牌的iShares China CNY Bond UCITS ETF（CNYB）。不過，需
要留意中國國債ETF的流通量甚低，年期亦較短，難以平衡股票
的風險。

若想全面改良「全天候策略」，作出環球資產配置，以進一步分
散風險，可以參考筆者前文的建議，包括（一）將VTI改為購買
全球股票市場的VT；（二）將TLT及IEF分散至不同年期的美國
國債ETF，即SHY、IEI、IEF，TLT及EDV，以至通脹掛鈎債券
ETF及美國以外的國債；（三）將DBC改為投資DBA、DBB、
DBE，以平衡不同類別商品的比重。由於「全天候策略」對防範
通脹上升的保障較弱，因此投資者應將部分國債轉為購買通脹掛
鈎債券或商品。

要留意的是，投資產品愈多，組合管理會愈複雜，而槓桿操作，
亦會愈困難。

（三）善用槓桿　加快財務自由

參考投資組合的回測結果（詳見下文），讀者可計算相應的槓

桿水平，以達致目標回報。按 Portfolio Visualizer 的回測結果，2007年至2022年，「全天候策略」的每年平均回報為6.1%，波幅為8%，而最大跌幅為21.4%。這意味着，要做到13%的每年平均回報率、在20年內達致財務自由，你需要利用2.1倍槓桿。若較為保守，要有8%的每年平均回報率，務求在30年內安穩退休，槓桿水平就可以較低，只需要1.3倍。

標普500指數同期的每年平均波幅，為16%。換言之，只要投資者可以接受標普500指數的波動，兩倍槓桿投資「全天候策略」，根本不成問題。否則，投資者宜調低回報目標，重新計算符合風險承受能力的槓桿水平。

（四）執行計劃 不時檢討調整

在熟習以上步驟之前，筆者不建議讀者一次過將所有資金用作投資。讀者宜每月逐步投放資金，多適應操作細節。另外，讀者應預留足以應付半年至一年開支的流動資產，以備不時之需。執行計劃後，還需要持續檢討及調整，詳情會在第五章討論。

7 以史為鑑 免費工具回測績效

往績雖然並不保證將來表現，卻始終是比較不同投資策略的客觀標準，亦是估算預期表現的重要參考。投資者可以利用回測工具，一窺組合過往的回報及波幅概況。

以下將介紹一個免費回測網站Portfolio Visualizer（https://www.portfoliovisualizer.com/）。它提供了很多實用的計算工具。讀者可先試用最基本的Backtest Portfolio（👆 https://www.portfoliovisualizer.com/backtest-portfolio），來進行績效回測。

登入網址後，先揀選以年或月為回測單位，然後填寫回測起始及結束時間、初始本金、額外投資金額、再平衡周期、是否利用利息收入作再投資、比較資產等資料。讀者若首次使用，按基本設定一試，也無不可（見附圖3.6）。

接下來，就可以輸入投資組合的各項資產代號，如VTI為美國總體股票、TLT為美國長年期國債、IEF為美國中年期國債、GLD為黃金、DBC為綜合商品等，以及各項資產的配置比例。讀者亦可選取投資範本，如60/40股債組合、「全天候策略」、「耶魯組合」等（見附圖3.7）。

圖 3.6：績效回測工具首頁

VISUALIZER			
Portfolio Model Configuration			
Time Period ⓘ	回測間隔	Year-to-Year	⌄
Start Year ⓘ		1985	⌄
End Year ⓘ		2023	⌄
Include YTD ⓘ		No	⌄
Initial Amount ⓘ	初始本金	$ 10000	.00
Cashflows ⓘ	額外投資金額	None	⌄
Rebalancing ⓘ	再平衡周期	Rebalance annually	⌄
Leverage Type ⓘ		None	⌄
Reinvest Dividends ⓘ	利息收入再投資	Yes	⌄
Display Income ⓘ		No	⌄
Factor Regression ⓘ		No	⌄
Benchmark ⓘ	比較資產	None	⌄
Portfolio Names ⓘ		Default	⌄

圖 3.7：輸入各項資產代號及佔比作績效回測

Portfolio Assets 🗑 組合資產		Portfolio #1 ⚙▾	Portfolio #2 ⚙▾	Portfolio #3 ⚙▾
Asset 1	VTI 美國總體股票 🔍	30	60 %	%
Asset 2	TLT 美國長期國債 🔍	40 %	%	%
Asset 3	IEF 美國中年期國債 🔍	15 %	%	%
Asset 4 輸入／搜尋資產	DBC 綜合商品 🔍	7.5 %	%	%
Asset 5	GLD 黃金 🔍	7.5 %	%	%
Asset 6	VBMFX 美國總體債券 🔍	%	40 %	%
Asset 7	SPY 標普500指數 🔍	%	%	100 %
Asset 8	Ticker symbol 🔍	%	%	%
Asset 9	Ticker symbol 🔍	%	%	%
Asset 10 (Add More)	Ticker symbol 🔍	%	%	%
Total		100 %	100 %	100 %

選取範本

資產配置比例

Analyze Portfolios   Cancel

資料來源：Portfoliovisualizer.com

每次回測，最多可包括三個投資組合。如附圖3.7所示，Portfolio#1是「全天候策略」，Portfolio#2為60/40股債組合，Portfolio#3則是標普500指數。

按下Analyze Portfolios，便可得出回測結果總覽。當中，較重要的數據是期末結餘、每年平均回報及波幅、最大跌幅、夏普比率，以及投資組合與大市的相關性。讀者亦可選取較詳細的分析，如風險敞口、每年或每月的表現、各項資產表現等。

結果顯示，2007年至2022年，「全天候策略」的每年平均回報，雖然略遜標普500指數，但其波幅卻僅為標普500指數的一半（見附圖3.8 a 部分）。以夏普比率計算，「全天候策略」明顯較標普500指數優勝（見附圖3.8 b 部分）。縱使經歷過股債雙殺的慘痛一年，但回測結果一再證明，分散風險的資產配置方法，長線能跑贏大市。

圖 3.8：各資產配置策略的回測結果

| Performance Summary | | | | | | a |
Portfolio	初始本金 Initial Balance	期末結餘 Final Balance	每年平均回報 CAGR	波幅 Stdev	Best Year	Worst Year
Portfolio 1	$10,000	$26,276 ❶	6.16% ❶	8.21%	18.28%	-19.24%
Portfolio 2	$10,000	$28,770 ❶	6.75% ❶	10.08%	21.84%	-20.17%
Portfolio 3	$10,000	$38,275 ❶	8.66% ❶	15.93%	32.31%	-36.81%

Portfolio#1：全天候策略　　Portfolio#2：60/40股債組合　　Portfolio#3：標普500指數

Best Year	Worst Year	最大跌幅 Max. Drawdown	夏普比率 Sharpe Ratio	Sortino Ratio	與大市相關性 Market Correlation
18.28%	-19.24%	-21.35% ❶	0.66	1.00	0.52
21.84%	-20.17%	-30.69% ❶	0.61	0.89	0.99
32.31%	-36.81%	-50.80% ❶	0.54	0.79	1.00

資料來源：Portfoliovisualizer.com

作為一個簡單練習，讀者不妨嘗試回測第二章2.8節的〈資產配置組合大比併〉一文提及的六大投資組合。

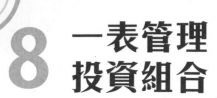

8 一表管理投資組合

作為第三章的結尾，本文將以「全天候策略」為例，講解如何使用筆者設計的「全天候財務自由規劃」試算表「投資組合」，來執行投資計劃。讀者可按個人情況，更改試算表的內容。

第一部分，為建立投資組合的基本資料，如資產名稱、交易編號、資產分布比例等。訂下資產配置安排後，讀者只需在下盤之前，輸入買入價。試算表會自動按投資金額，顯示應購買的股數。

圖 3.9：設定投資組合

	投資金額				50,000		
	資產配置				投資組合價值		
				資產	買入價(美元)	(已)購買股數	價值(港元)
(一) 投資	美股	VTI	30.0%	VTI	191.19	10	15,000
	美國長年期國債	TLT	40.0%	TLT	99.56	26	20,000
	美國中年期國債	IEF	15.0%	IEF	95.78	10	7,500
	商品	DBC	7.5%	DBC	24.65	20	3,750
	黃金	IAU	7.5%	IAU	34.59	14	3,750
	總計		100.0%	總計			50,000

建立 Portfolio
一開即做
https://bit.ly/3JEkLOE

理財表操作示範視頻
http://bit.ly/3UxVlko

定期檢視再平衡需要

試算表的第二部分，為再平衡（rebalance）。所有資產的價格，都會不斷浮動，而組合內資產的佔比，亦因而會不斷改變，影響投資策略。例如當個別資產的價格升幅，較其他為高，其佔比便會隨之增加，令組合傾斜。

平衡是一個動態概念。如同走鋼線一樣，每當風向改變，就要作出適當調整，才能繼續安全前進。投資亦然。即使擁有優秀的資產配置策略，投資者也要因應資產價格的變動，作出再平衡，以確保自己的組合，仍然奉行原先的資產配置比例。筆者將於第五章深入講解再平衡策略。

除非讀者有意改變各項資產的佔比，否則，此處不須輸入任何資料。如果讀者於線上使用此試算表，資產現價（見附圖3.10 b 部分及附圖3.11綠色方框示）會自動更新，計算再平衡的需要，並顯示每項資產應增持或減持的股數。但若讀者在線下使用此表，則需要自行更新各項資產的最新價格。

圖 3.10：自動計算再平衡需要

a			資產配置
(二) 再平衡	美股	VTI	30.0%
	美國長年期國債	TLT	40.0%
	美國中年期國債	IEF	15.0%
	商品	DBC	7.5%
	黃金	IAU	7.5%
	總計		100.0%

b	投資組合價值			應增持/減持股數
資產	現價 (美元)	持股數量	價值 (港元)	
VTI	197.43	10	15,490	0
TLT	104.34	26	20,960	0
IEF	98.66	10	7,726	0
DBC	23.39	20	3,558	0
IAU	37.12	14	4,024	0
總計			51,758	

c	現時資產分布		再平衡？
設定再平衡限額		20.0%	
美股	VTI	29.9%	不要
美國長年期國債	TLT	40.5%	不要
美國中年期國債	IEF	14.9%	不要
商品	DBC	6.9%	不要
黃金	IAU	7.8%	不要

建立 Portfolio
一開即做
https://bit.ly/3JEkLOE

註：試算表內「現價」欄為即時更新，這可能
令「價值」欄及佔比的數字也有變動，或會與
附圖顯示的有所不同。

除非資產價格大幅變動，否則，在正常情況下，每半年，甚至是
一年做一次再平衡，就已足夠。為方便讀者，筆者特意加入「再
平衡？」一欄（見附圖3.10 c 部分右一欄）。當資產佔比超過原
訂的20%（例如原訂佔比是30%，而現在是37%），該欄就會顯
示「要」。屆時，讀者便可相應增持或減持個別資產。讀者亦可
自行更改有關設定，例如是要求較嚴格的限額，如5%。

試算表的第三部分，為新增投資。讀者在輸入新增投資金額後，試算表將自動計算每項資產應增持或減持的股數（見附圖3.11右一欄），讀者亦可在此重訂各項資產的佔比分配。

圖 3.11：自動計算新增投資的買賣操作

投資組合價值				應增持/減持股數
資產	現價 (美元)	持股數量	價值 (港元)	
VTI	197.43	10	15,490	4
TLT	104.34	26	20,960	10
IEF	98.66	10	7,726	4
DBC	23.39	20	3,558	10
IAU	37.12	14	4,024	5
總計			51,758	

建立 Portfolio
一開即做
https://bit.ly/3JEkLOE

註：試算表內「現價」欄為即時更新，這可能
令「持股數量」及「價值」欄的數字也有變動，
或會與附圖顯示的有所不同。

值得一提的是，新增投資的計算已考慮了再平衡的需要。假如讀者每隔一段時間會投放新資金，可略去再平衡操作，以節省時間、交易費用。

為了可以不斷重複使用此表，讀者在作出再平衡或新增投資後，不要忘記按照投資組合的現值，更新第一部分的資料。尤其是投資金額、買入價、已購買股數。

第四章

掌握周期變化 洞悉部署良機

萬物皆有規律，包括投資市場。經濟及債市周期更迭，往往提示調配資產、增減注碼的最佳時機。

面對未知的將來，我們應保持心態開放，仔細考慮不同情景出現的可能。

1 大市表現取決經濟及債市周期

本章為資產配置的進階戰術，開首先簡單勾勒股市、經濟及債市周期的關係。稍後的文章，將細述當中原理，並講解如何按經濟及債市周期調配資產、加減注碼，以提升投資表現。

初接觸資產配置的讀者，若嫌本章的分析及操作太過複雜，可直接跳過，進入第五章，了解如何按不同人生階段調整投資計劃。即使沒有本章的額外知識，前三章所建構的投資組合，已有資產配置的精髓，足以媲美全球最大對沖基金。當你日後對資產配置了解更深，再閱讀本章也不遲。

在分散投資的資產配置基礎之上，想表現更好，我們需要加入個人眼光，適時調整組合。我們既可以（一）變更組合中各項資產的比重，例如在經濟向好時偏重股票及商品，亦可以（二）加減注碼，調整風險敞口（risk exposure），例如在經濟出現危機時增持現金。

值得強調的是，考眼光遊戲並不易玩。要持續穩定地做出優秀的判斷，十分困難，而不幸看錯，更要付出一定代價。投資者宜有心理準備，反思自己能否承受額外風險。

為了提高勝算，我們必須建立一套分析框架，按客觀條件行事。
當中經濟及債市周期，就是投資者的最好幫手。

減息周期預示經濟及股市崩盤

附圖4.1的上方為標普500指數及美國經濟陷入衰退的時期（灰
色陰影部分），下方為聯邦基金利率（Federal Funds Rate），其
升跌反映美國的加減息周期。

對比兩圖，可以清楚見到自1970年起逾半世紀，美國經濟陷入
衰退每一次都發生在減息周期，無一例外。另一方面，標普500
指數在加息周期表現亮麗（2022年除外），隨後在暫停加息或減
息周期開始時見頂，並在減息期間大幅下挫（同時為經濟衰退）。

圖 4.1：美國經濟衰退及股市崩盤 大多發生在減息周期

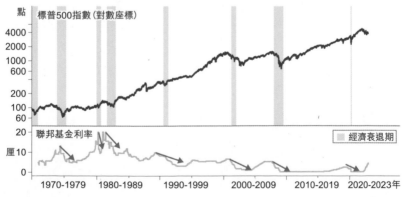

資料來源：信報投資分析研究部。2023年1月。

由此可見，減息周期往往預示了經濟衰退及股市崩盤。背後的經濟原理是：當央行察覺到經濟增長疲弱，就會暫停加息，甚至透過寬鬆的貨幣政策，刺激投資及消費意欲，力圖拯救經濟。

大眾起初或會以為這是利好經濟及股市的訊號，可是卻忽略了央行救市的原因——假如經濟狀況良好，企業營運健康，又何需央行多管閒事呢？正因市況轉差，才需勞煩央行出手。幸運的話，央行救市可以令經濟軟着陸，否則，就只能稍為延遲經濟衰退的出現。股市反映的是公司的價值。當經濟衰退，股市自然也難逃崩盤的命運。

2 洞悉經濟及通脹周期

自農業革命起,經歷科學革命、工業革命,社會的生產力持續提升,經濟規模亦日益擴大。長遠而言,經濟增長趨勢是平穩向上的。不過,發展路途往往充滿波折起伏。當中較大的波動,多數源於大規模的信貸擴張及收縮,如美國1940年代,又或是2008年金融海嘯的去槓桿化。大型的信貸周期,一般歷時數十年,本文將集中討論較為頻繁(約5至8年重複出現)、較細規模的小型信貸周期。此亦稱為景氣循環(business cycle)。讀者如有興趣了解更多,可參考達里奧的 *How the Economic Machine Works* 及馬克斯(Howard Marks)的 *Mastering the Market Cycle*。

就讓我們從經濟衰退、通脹下降說起。

景氣循環四部曲

如附圖4.2所示,當經濟收縮,增長低於平均趨勢,通脹就會從高位回落。同時,企業盈利及就業情況,亦會隨經濟不景氣日漸轉差。直至經濟進一步惡化,通脹憂慮消退,政府及央行會透過寬鬆的財政及貨幣政策拯救經濟,經濟遂逐漸見底。此時,市場避險情緒高漲,媒體充斥負面新聞,投資者大多着眼於迴避風

險，希望力保不失，而非追求額外回報。

下一步，經濟復甦、通脹見底。此時，儘管股市已從低位明顯回升，但大部分人仍猶有餘悸，擔心經濟前景。要等到有更多的利好消息出現，人們才開始重拾信心。消費及信貸上升，進一步帶動經濟上漲，企業盈利及就業情況亦漸見改善。

當經濟增長持續高於平均趨勢，供應追不上強勁的需求，物價便會隨之上升。政府及央行開始採取緊縮的財政及貨幣政策，壓制過熱的經濟。此時，市面一片欣欣向榮，好消息主導，人人樂觀進取，覺得機不可失（fear of missing out）。每當股市向下調整，大家都認為是買貨良機。其實，此時經濟已經悄悄見頂。

最後，在緊縮政策下，需求轉弱、經濟放緩、通脹亦見頂。就這樣，再次進入另一個循環。

圖 4.2：經濟及通脹周期

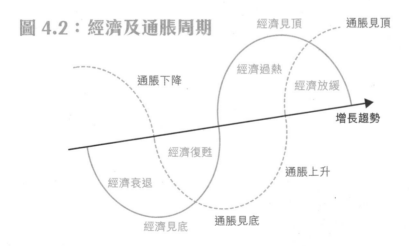

判斷經濟周期，不同人士，各有見解。學術派會計算產出缺口（output gap），評估實際產出與潛在產出的差距。行為心理學派會觀察市場氣氛及投資者情緒，務求在別人貪婪時恐懼，在別人恐懼時貪婪。倒後鏡投資派，就會緊貼每項財經新聞，沉醉於分析已發生的事情。

筆者則傾向透過客觀的經濟數據，分辨未來大勢走向。

要有效利用經濟數據，避免被市場噪音淹沒，先要理解經濟運作。以港人最愛的房地產市場為例。由於在買賣樓房之前，先要買地建築，因此，地皮成交是發展商對後市看法的一大指標，領先於房屋銷售數據。同理，工商業狀況、消費市道、勞動市場等，都各有其領先、同步、滯後指標。

領先經濟指標　預判周期起落

如果想省時省力，筆者建議讀者參考美國經濟諮商局（The Conference Board）編製的領先經濟指標（Leading Economic Index）。它不但歷史悠久，還有大量實證支持，是預測經濟表現的重要參考（網址為：https://www.conference-board.org/topics/us-leading-indicators）。

這項指標由10項數據組成，分別跟蹤不同的市場狀況。當中5項數據，大致對應生產活動及商品需求，即製造業員工每周平均工時、製造業新訂單（消費品及原材料）、製造業新訂單（不包括飛機的非國防資本貨品）、美國供應管理協會（ISM）新訂單

指數、消費者對商業狀況的平均預期。另外，初次申領失業救濟金人數反映勞動市場狀況，而私人住宅建築許可證則為房地產市場的領先指標。其餘3項數據，即標普500指數、領先信貸指數、10年期國庫債券與聯邦基金利率的息差，則是金融市場的領先指標。

自1960年代以來，領先經濟指標曾多次成功預測經濟衰退——平均在衰退前約一年前見頂並顯著回落（見附圖4.3）。如配合該局編製的同步經濟指標（Coincident Economic Index），包括非農業就業人數、工業生產指數等，更有助進一步確認經濟周期變化。

圖 4.3：領先經濟指標顯著下跌，經濟隨之衰退

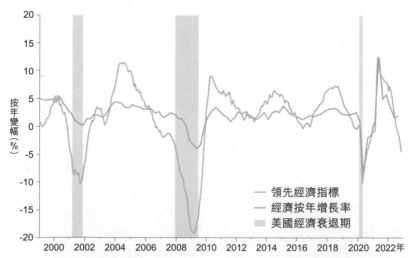

資料來源：The Conference Board Inc.。
註：灰色陰影部分為美國經濟研究局（National Bureau of Economic Research）定義的經濟衰退時期。

3 長短債息差 預示股市升跌

加息利淡股市、減息利好股市，是坊間一個常見誤解。本文將釐清債市周期與股市的關係，並介紹預測牛熊市的最佳指標。

先談加息。如果單單考慮利率上升時，營商及借貸成本會因而增加、企業的現金流折現值（discounted cash flow）下降，似乎的確不利股市。不過，利率只是做生意的其中一個考慮，更重要的是整體經濟情況。實際上，加息期間往往是牛市，而非熊市（除非利率急升，如1980年代及2022年）。須知道央行之所以提高利率，是因為經濟增速過快、通脹升溫。當市旺、生意好，利息成本上升根本不足為懼。相反，如果加息背後的原因，是通脹失控，經濟又停滯不前，投資者便要打醒十二分精神應對了。

利率僅表象　重點在經濟

以2013年的退市恐慌（taper tantrum）為例，聯儲局縮減買債規模，震驚債市，但股市升勢卻絲毫無損。一直到2015年尾，聯儲局正式加息，股市才稍為反覆上落數月。其後幾年，股市及利率同步上揚。假如投資者以為貨幣政策收緊最好走為上着，便會錯失牛市。

加息只是表象，背後的經濟狀況才是影響股市的主因。不求甚解，倒果為因，自然誤判。

至於減息，過去幾十年來每一次減息周期，股市都隨之大瀉。2000年底、2007年底、2020年初，皆是如此。

由此可知，聯邦基金利率實為股市的同步指標，而非相反指標，兩者往往在經濟擴張時一起上升，在經濟放緩時雙雙下跌。認清利率及股市的關係後，只要在加息時增持股票，減息時減持股票，便能趨吉避凶，提升投資表現。

經濟好壞　長短債息差迥異

要進一步預測利率變化，捕捉牛熊市，就要留意長短債息差。

美國國庫債券設有不同的借貸期限。短期國債較受央行的貨幣政策影響，長期國債則受長遠經濟增長及物價變化左右。當經濟前景向好，加息預期上漲，投資者會要求較高的長債息率，以補償其較高的利率風險，長短債息差會因而擴闊。同理，當經濟前景轉差，減息預期增加，投資者便會搶購長債，長短債息差會因而縮窄。

簡單來説，長債（例如10年期國庫債券）息率變化領先短債（例如3個月期國庫債券），有助預測央行何時會加息或減息。兩者的差距，反映市場對未來經濟狀況的看法。

債券市場向來被視為聰明錢之所在。對比官員出口術去管理市場預期，或者坊間「得個講字」的經濟分析或統計調查，投資者在債券市場真金白銀的交易，才是對經濟前景最誠實的投票。

為方便讀者了解債市周期，附圖4.4標示了自2000年以來的周期更迭。當中每個周期，都可以分為四個階段。

圖4.4：債市周期四大階段

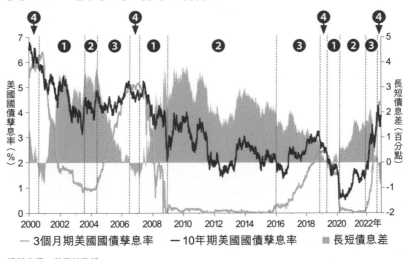

3個月期美國國債孳息率　　10年期美國國債孳息率　　長短債息差

資料來源：美國財政部

❹ *債市第四階段：長息跌，短息升（或不變），長短債息差縮窄*

先由投資者最擔心的熊市講起。一般而言，長債（十年期美國國債）的息率較短債（3個月期美國國債）為高，不過在此階段，長債息率會由高位回落，同時短債息率持續上升（或不變），令

長短債息差縮窄（見附圖4.4陰影部分），甚至跌至負值（即孳息曲線倒掛），是為債市第四階段。此時央行往往會暫停減息，觀察高利率對經濟及物價的影響。大眾滿心歡喜，樂見貨幣政策轉鬆，因此，股市一般會有一段短暫升浪。不過，熊市其實已悄悄靠近。

❶ 債市第一階段：短息較長息跌得快，長短債息差擴闊

當央行決定減息，拯救經濟，短債息率會較長債息率下降得快，長短債息差隨之上升，是為第一階段。此時，大眾終於清醒，認清經濟不景氣的事實。眼見股市跟隨利率尋底，以為減息有利股市的投資者，便紛紛後悔在高位接了火棒。股市要一直等到經濟在寬鬆貨幣政策支持下見底，才會慢慢復元。

❷ 債市第二階段：長息升，短息不變，長短債息差擴闊

到了第二階段，短債息率維持在低位，而長債息率則隨市場對經濟復甦、通脹升溫的預期而上升，長短債息差保持在較高水平。與第四階段孳息曲線倒掛的熊市警號相反，這階段是增持股票的最佳機會。

❸ 債市第三階段：短息較長息升得快，長短債息差縮窄

第三階段，當各項數據確認經濟持續擴張，甚至增長過快，央行便會開始加息。此時股市已經大幅反彈，只關注同步指標（即央行加息）的投資者，便來遲一步了。與第一階段相反，此時短債

息率的上漲幅度會大於長債息率，長短債息差因而逐步下降。加息初期，股市可能會較為反覆，但終究都會與利率同步攀升。直至長債息率由高位回落，長短債息差進一步縮窄。債市又重新進入第四階段，開始新一個周期。

債市周期對應股市升跌

「牛市在悲觀中誕生，在懷疑中萌芽，在樂觀中成熟，在狂歡中死去。」上述債市周期的四個階段，正好對應牛熊市轉變。以下將按債市周期框架，詳細剖析近年股市在不同階段的表現，為讀者提供一個實例。

作為簡單練習，請自行分析附圖4.5後，再行閱讀下文。

圖 4.5：2019 年至 2022 年債市周期與股市表現

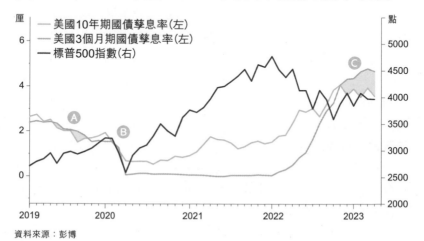

資料來源：彭博

附圖4.5分別顯示美國十年期及3個月期國債孳息率，以及標普 500指數的走勢，以分析債市周期與股市的關係。從圖中可見， 2019年，長債息率持續下跌。同時，聯儲局在年初暫停加息。 長短債息差顯著縮窄，債市進入第四階段。同年5月，孳息曲線 倒掛的警號響起（見附圖4.5標示Ⓐ），股市表現反覆。

2019年7月底，聯儲局宣布減息，意味債市第一階段開始。受 惠於寬鬆的貨幣政策，股市狂歡得以繼續。普羅大眾都忘記了孳 息曲線倒掛的警號，炒得不亦樂乎。到了2020年1月，警號再 次響起（見附圖4.5標示Ⓑ），牛市在2月中見頂，並隨新冠疫情 來襲，在狂歡中死去。

2020年尾長短債息差顯著擴闊 利好股市

面對突如其來的疫情，聯儲局暴力救市，一個月內將聯邦基金利 率由1.5厘減至零，並推出無限量化寬鬆。於是牛市便在悲觀中 重生，股市極速反彈。此時經濟衰退只持續了兩個月，為有紀錄 以來最短。

自2020年4月起，短債息率徘徊於低位，長短債息差逐漸回 穩，債市踏入第二階段。同年8月，長債息率隨經濟復甦及通脹 升溫的預期而向上，長短債息差顯著擴闊，進一步確認了債市正 處於第二階段。當時市場擔心長債息率上漲，會加重營商成本及 影響企業估值。這實屬多慮，此時其實是增持股票的最佳機會。 故謂牛市在懷疑中萌芽。

2021年4月，正當再通脹交易炒得熱烘烘時，長債息率開始回落。市場氣氛突然一下扭轉，由原先擔心通脹加劇及長債息率上升，變成憂慮疫情惡化、經濟增長放緩。

不過，以債市周期論，若果第三階段仍然未到（即利率正常化），經濟一般不會接連衰退的。事實亦證明，當時美國經濟良好，牛市在樂觀中成熟，股市繼續屢創新高。

2022年底孳息曲線倒掛再現 慎防熊市

到了2022年3月，聯儲局宣布加息，揭開了債市周期的第三階段。一般而言，股市雖然會在加息初期較為反覆，但總會隨經濟擴張，與利率同步上升。不過，由於聯儲局此次加息極快，為40年來最急，企業估值遂大幅下降，尤其是高增長股票。結果，2022年，美股錄得顯著跌幅。

在緊縮貨幣政策下，通脹自2022年下半年有所緩和，市場亦由擔心物價持續上升，逐漸轉為憂慮高息環境會殺死經濟。長債息率反映了大眾對經濟衰退的擔憂，在2022年11月急速下降。長短債息差跌至負值，孳息曲線倒掛的警號響起（見附圖4.5標示 ⓒ），債市再次步入第四階段。

讀者如有興趣查閱長短債息差數據，可參考聯儲局網頁：👆 https://fred.stlouisfed.org/series/T10Y3M。讀者亦可透過財經圖表平台如TradingView，比較各項數據。例如輸入代號「US10Y」觀察10年期國債息率，以「FEDFUNDS」分析聯邦基

金利率等。另外，希望從債券市場一窺聰明錢的押注，可以參考芝加哥商業交易所網頁，了解利率期貨所預期的利率走勢。相關網址可見於「全天候財務自由規劃」試算表的「實用連結」。

實用連結
一開即睇
https://bit.ly/427gY3M

4 順應周期調配資產

第二章曾簡單提及四大經濟環境下，那一項資產表現最好（見附圖2.3），本文現作進一步分析。參考橋水基金及美林證券的研究，附圖4.6整合了經濟及債市周期，說明如何調配資產、增減注碼。

圖 4.6：周期更迭下的資產部署

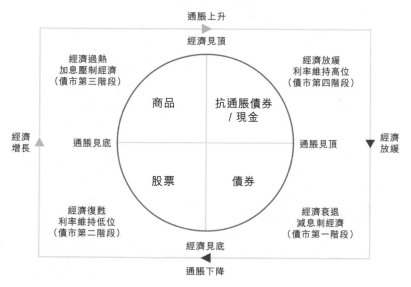

債市周期領先股市，股市領先經濟，經濟領先通脹。了解不同周期的轉變，有助投資者選取不同經濟環境下表現較佳的資產，並決定應該要積極進攻或是自保防守。

經濟放緩：持盈保泰

所謂盛極必衰，當經濟到達頂峰之後，便會放緩。此時加息周期步入尾聲，甚或已經完結。同時，滯後經濟的通脹亦漸漸見頂。

股市因憧憬貨幣政策轉向，往往會有一段短暫升浪，但其實熊市已經不遠了。此時投資者應該增持抗通脹債券及現金、減持股票及商品，並逐步減少注碼、調低風險敞口。

經濟衰退：力保不失

當經濟惡化，通脹憂慮消退，政府及央行會透過寬鬆的財政及貨幣政策拯救經濟。此階段，經濟及股市跟隨利率尋底，債券為最佳投資，而股票及商品則表現最差。投資者宜把握熊市反彈機會，進一步減持股票及商品，而不是撈底。值得注意的是，經濟見底之前，市場避險情緒高漲，各項資產（包括債券）或會出現恐慌性拋售。投資者宜多持有現金，將風險敞口減至最低。

經濟復甦：積極進取

經濟見底後，在寬鬆的貨幣政策支持下復甦。同時，滯後經濟的通脹亦見底。

儘管股市已從低位明顯回升，但大部分人仍然猶有餘悸。牛市在懷疑中萌芽，此階段實為增持股票、減持現金的最好機會。投資者宜逐步增加注碼、調高風險敞口。

經濟過熱：居安思危

到經濟過熱，供應追不上強勁的需求，物價便會隨之上升。政府及央行開始採取緊縮的財政及貨幣政策，壓制經濟。

生產活動活躍帶動原材料需求，商品在這階段的表現最好，股票次之。加息初期，股市或會較為反覆，但兩者大多在經濟擴張時一起上升。相反，債券價格則會隨利率上升而下跌。在亢奮的市場情緒下，人人樂觀進取，覺得機不可失。熟識周期更迭的聰明投資者，反而應該居安思危，慎防經濟在緊縮貨幣政策下見頂。

貨幣政策對周期有顯著影響

周期演變如是，但這不代表過程必然順暢無礙。投資者宜對不同階段的轉折波動，做好心理準備，並特別留意以下幾點：

（一）附圖4.6雖然以四等分劃分，但每個周期歷時長短不一，當中的轉折亦有快有慢。例如2022年加息極快，為40年來最急，與2016年至2018年的加息周期大為不同。

（二）貨幣政策對周期更迭有顯著影響。例如2020年減息速度之快、量化寬鬆力度之強，令股市及經濟都在極短時間內見底回

升。又例如聯儲局在2021年錯判通脹只屬暫時性，遲遲不肯加息，令通脹問題惡化，延長了通脹上升周期。

最戲劇化的歷史故事，當數1970年代末的伏爾克時刻。1979年8月，伏爾克上任聯儲局主席，為了壓制通脹，在短短8個月內，調高聯邦基金利率超過7厘。後來經濟出現衰退，就業情況惡化，於是伏爾克便在其後3個月內，反手大幅減息至低於其上任時的水平。可是這一減之下，通脹又愈演愈烈，伏爾克只好由1980年7月起，連續6個月，狠下心腸不斷加息，一共加了10厘。至此，通脹雖然受控，可是美國經濟卻在3年之間，兩度陷入衰退。

投資者宜關注聯儲局如何平衡穩定物價及促進就業兩大使命，觀察貨幣政策對周期演變的影響。

（三）經濟環境由經濟增長或通脹主導，會左右資產表現。同樣是加息周期，假如央行提高利率的原因，是經濟增速過快，那麼，股市便可望與利率同步上升。但如果加息背後，是源於通脹失控，投資者便要小心股債齊跌了（即如2022年）。

債市、經濟、通脹周期，各有特徵。全面地觀察各個周期的轉變、留意它們之間的扣連，有助提供較完整的分析，提高勝算。儘管周期演變的細節，每次都有些不同，但亦多有相似之處。愈多證據配合，我們便愈有信心確認身處那一個階段，以作出最佳戰術部署。

5 低息環境 尋抗跌力強資產

前文已詳述進階的資產配置戰術，足以幫助讀者掌握周期更迭，趨吉避凶。不過，即便如此，也有個別較為艱難的投資時期（即第二章2.7節的〈資產配置三大注意事項〉提及的三大投資困境）。本章餘下篇幅，將仔細分析應對之法。

本文先探討低息環境下的投資挑戰。後續的章節，會講述如何應對股債雙殺及大市崩盤。

經歷了2022年利率急升，投資者相信都記掛低息的美好歲月。不過，低息也有低息的問題。當利率低至零，進一步減息的空間有限，債券平衡股市下挫的效用便會大減，我們就需要另作打算。

拆局有四種做法：一是選取年期較長、孳息率仍有一定下跌空間的債券，如美國長年期國債ETF，包括TLT及EDV；二是轉向貨幣政策空間充裕的新興市場。

三是增加黃金在投資組合中的比重。這是考慮到低息環境下，貨幣政策會由傳統的利率調控，轉為量化寬鬆，貨幣因大量印錢貶值之故。

第四，投資者亦可在股票市場多花點心思，尋求能夠抵抗經濟不景氣的企業。

根據傳統的現金流折現法，股票的現值取決於現金流及折現率。一般來說，當經濟衰退，央行會調低利率刺激經濟。利率下調，折現率降低，就能夠抵消經濟轉差時企業現金流減少對股票價值的負面影響。不過，在利率貼近零的情況下，這緩衝空間就會不復存在。特別是以高增長作為賣點的股票，一旦現金流增幅低於預期，價值便難免大跌。

防守股可代替債券

幸好，有些股票對經濟不景氣，特別有防守力——即業務平穩增長、盈利能力高、現金流強勁、負債比例低的公司——它們可以在低息環境下，充當債券的代替品。這正是為何橋水基金自2020年第三季開始，大量增持沃爾瑪（WMT）、寶潔（PG）、強生（JNJ）、好市多（COST）、可口可樂（KO）、麥當勞（MCD）等企業的股票。第三章3.1節講解股票ETF中提及的因子投資模型，亦是一個懶人選股法。當中價值因子，如偏好低估值美股的Invesco S&P 500 Pure Value ETF（RPV），以及追縱大型價值股的Vanguard Value Index Fund ETF（VTV），較為符合防守力強的要求。

能夠找到現金流不受經濟衰退影響的公司，固之然好，但投資者亦應留意行業過分集中的風險。最理想的情況，當然是建立一個全天候股票組合，做到行業、物價、經濟等風險因素，都屬中性，以減低投資風險。

6 股債雙殺選抗通脹資產

2022年股債齊挫，反映了傳統60/40股債組合的一個致命問題——對通脹上升風險毫無防備。大眾跌了一地眼鏡碎，源於太習慣低通脹環境。一向以為債券是股市失利的定海神針，卻不知在通脹升溫主導的經濟環境下，兩者其實會雙雙下跌。

第二章2.2節的〈因應經濟增長及通脹配置資產〉已清楚指出，股票偏好經濟增長，厭惡通脹升溫，而債券則同時厭惡經濟增長、通脹升溫。在通脹溫和、大眾只關注經濟前景的日子，股債表現自然能夠互補不足。不過，當市場不重視經濟好壞，只擔心通脹高低，兩者便會由互補關係，變成難兄難弟了。

要應對通脹上升引致的股債雙殺，方法十分簡單，就是選取偏好通脹升溫的資產，即商品及抗通脹債券。

參考周期更迭的分析框架，可知在經濟及通脹強勁的情況下，商品表現最佳。事實上，2022年上半年，綜合商品ETF之一DBC曾急升近50%。隨着通脹在下半年緩和，DBC升勢有所減弱，惟全年仍錄得顯著升幅，大幅跑贏股票及債券。

圖 4.7：2022 年上半年，股市下行，商品急漲

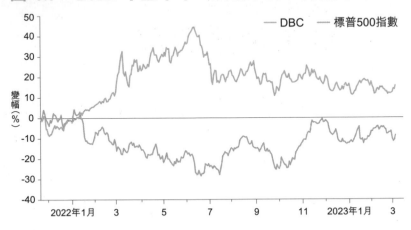

資料來源：彭博

至於抗通脹債券，2021 及 2022 年大部分時間，都明顯勝於國債。不過，在聯儲局瘋狂加息下，對利率敏感的抗通脹債券，表現遠遠不及商品。在加息周期步入尾聲前，商品始終是對抗通脹的最佳選擇。

利率急升 慎防殺完估值殺業績

話說回頭，市旺經濟好時，加息並不可怕，股市亦大多會隨利率雙雙上升，故謂之「加息是牛不是熊」。不過，利率一旦升得太急，就會令資產折現值大幅下降，造成災難。

根據現金流折現法，折現率愈高，企業的現值就愈低。高增長公司的短期現金流較低，獲利能力集中在較長遠的未來。利率上升

對其現金流的折現效果，最為顯著。標榜投資高增長創新科技公司的ARKK，在2022年大瀉67%，便是一例。

經歷了慘痛的一年，投資者大多寄望2023年股市表現會轉好，但筆者卻認為後市難言樂觀。當中關鍵，在於利率急升對經濟的影響。

分析員在2021年及2022年，對美國企業作出的盈利展望分別不大。他們十分樂觀地相信，利率上升只會壓制通脹，而不會打擊經濟。事實上，撇除利率上升對股票折現值的影響，美股在2022年是不跌反升的。這反映了市場預期軟着陸出現，經濟增長與低通脹得以共存。不過，種種領先經濟指標，卻顯示經濟衰退機會愈來愈大。

歷史告訴我們，通脹升溫引致的股債雙殺，甚少會在短期內變成股債雙辣的。周期更迭，亦甚少會間斷跳躍。要成功壓制通脹，經濟難免要付出代價。殺估值之後，往往就是殺業績。

投資者可以選擇保持樂觀，但同時亦應做好最壞打算，以防經濟出現衰退，甚至滯脹時，措手不及，令本金再次受創。

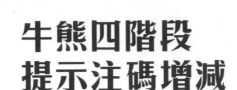

7 牛熊四階段 提示注碼增減

資產配置的成功，建基於社會經濟正常運作。當環球經濟出現重大危機，如2008年金融海嘯、2020年新冠疫情大流行，投資者恐慌性拋售資產，再有智慧的分散投資，一時之間也難逃跌市洗禮。

面對大跌市，投資者有三種選擇：賣出、持有、買入。假如投資者的目光長遠，不在乎一時得失，那麼，一動不如一靜，繼續持有便可。不過，如果想積極保護本金，又或趁重大危機在低位吸貨，就需要在事前做好部署。

牛熊四階段的出入市策略

大市崩盤，多有先兆。最準確的當數孳息曲線倒掛。同時，配合其他領先經濟指標使用，有助掌握周期更迭，提高勝算。即使我們無法估中大市頂底，但卻可透過了解周期轉折，逐步增減注碼、調整風險敞口，免在大跌市時重創。前文已詳述具體戰術部署，不贅。

另一個簡單的分析框架，為著名技術分析師，溫斯坦（Stan

Weinstein）的牛熊四階段。他將大跌後的築底階段稱為整固期
（Accumulation Phase），此時價格會徘徊於正在橫行的30周
線。至於第二階段，為上升期（Uptrend Phase），價格會突破整
固區間向上發展，並企穩於正在上升的30周線之上。經過一段
時間的上升，價格會失去動力，反覆於橫行中的30周線波動，
即第三階段的派貨期（Distribution Phase）。最後，價格進一步
轉弱，突破派貨區間下挫，並受制於下跌趨勢的30周線，是為
第四階段的下跌期（Downtrend Phase）。詳細分析，可參閱溫
斯坦的著作 *Secrets For Profiting in Bull and Bear Markets*。另
外，牛熊四階段與威科夫循環（Wyckoff Cycle）亦有不少相似
之處，有興趣的讀者可以對比這兩個分析框架。

參考歷史數據，大部分的大跌市發生之前，資產價格本來就已經
處於第四階段。斷崖式的暴跌，是極少會在第二或第三階段出現
的。因此，最遲在第四階段開始時，投資者便應該減少注碼（至
於最佳的加注時間，當然是在第二階段）。若配合經濟及債市周
期運用，「牛熊四階段」的勝算更高。

圖 4.8：牛熊四階段

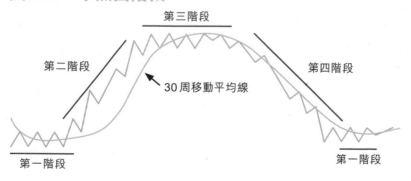

設止蝕線適時減倉

除此之外，投資者亦應為組合設立止蝕線。例如當投資組合的價值從高位下跌5%，就減持三分一；再跌5%，又減持三分一，餘此類推。當組合由低位反彈5%，或重回止蝕線，投資者就可以考慮相應增持。

大跌皆因小跌起。上述做法的好處，是止蝕明確，透過逐步縮減風險敞口，以避開大跌市。同時，預先定下規矩，可以避免情緒受市況左右，在貪婪或恐懼下胡亂作出投資決定。

讀者或會擔心，當出現波幅較大的上落市，止蝕線會被反覆觸碰，令人疲於奔命，不斷加注減注。此時投資者可以善用債市周期及「牛熊四階段」的知識。若是身處第二階段，就可以積極加注；一旦進入第四階段，就應該以減持為主。

最後一提，輸錢皆因贏錢起。對比利字行頭，投資者更應將風險管理放在投資策略的首位。正如畢非德一直告誡大眾，投資的第一條原則是不要蝕錢。第二條原則是不要忘記第一條原則。常說資產配置是投資最重要的事。其實資產配置的主要作用，正正在於分散風險。

8 2023年情景分析 靈活規劃投資部署

投資，是對資產價格未來變化的投票，看好就買入，看差就賣出。不過，即使擁有經濟及債市周期的分析框架，我們亦難以斷言市場的短期走勢，因為公司發展、行業前景、宏觀經濟都有很多變數。市場上沒有事是不可能的。

正因如此，我們必須保持心態開放，客觀分析正反論據，擺脫非黑即白的二元對立思維，多考慮不同情況可能出現的概率，以避免確認偏差（confirmation bias）——即盲目收集資訊支持既有想法，無視種種不利證據。

面對未知的將來，懂得妥善處理不知道的事情，比知道任何事情，都來得重要。情景分析（scenario analysis）是概率思維的實際應用，可幫助我們為未知狀況做好準備。當樂觀情景出現，我們可以盡早把握機會；倘若悲觀情景不幸發生，也能果斷止蝕，避免在失利時才驚惶失措。

無論是進取或保守的投資者，情景分析都可助你改善投資決定。進取者可作出戰術性資產配置，增加或減少個別資產的比重。謹慎者亦可以利用情景分析，作為壓力測試，檢討投資組合的強

項、弱點，更好地管理風險。箇中關鍵，是了解各情景的影響渠道，以至不同資產的反應及敏感度。

三大情景的不同部署

前文提到筆者認為2023年後市難言樂觀，現在不如做個簡單練習，設想一下2023年，會出現怎樣的情景。

由於投資者普遍偏重股票，我們就思考在不同情景下，什麼資產會有助平衡股票失利的風險。

情景一：經濟表現強韌，通脹憂慮消退（軟着陸）。這個樂觀情景，對股市最為有利。聯儲局不必再為了對抗通脹持續加息，而不惜犧牲經濟就業。經濟平穩增長與低通脹得以共存，大市自然可望由低位回升，甚至再創新高。不過，假如通脹回落速度較預期慢（即不着陸，no landing），高息環境將會維持更長時間，股市較大機會在低位波動。

情景二：經濟衰退，通脹憂慮消退（硬着陸）。根據周期更迭的分析框架，這個情景發生的機會較高。加息雖然有效控制通脹，但卻殺死了經濟。股市將隨經濟不景氣、企業盈利倒退，進一步下挫。為了刺激經濟，央行需要下調利率，此時國債便可在股市失利時，起定海神針之效。

情景三：經濟衰退，通脹居高不下（滯脹）。此情景對股市十分不利。倘若央行決定減息拯救經濟，抗通脹債券將會最為受惠。

否則，投資者宜做好心理準備，迎接瘋狂加息、與通脹搏鬥的慘痛時期。極端情況下，所有資產都會下挫，投資者宜降低注碼，增持現金。

除了以上簡單的情景分析，讀者可更細緻地構想不同情景，如疫情發展、能源供求、俄烏戰爭等。一開始時天馬行空，並沒問題。只要多多嘗試，自能慢慢去蕪存菁，分辨關鍵因素與旁支末節，進行更深入的情景分析。筆者的一個心得，是多根據新的資訊修訂原有的情景（即貝氏推論，Bayesian inference），並不時檢討設想與現實的分別。

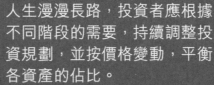

第五章

人生漫漫長路，投資者應根據
不同階段的需要，持續調整投
資規劃，並按價格變動，平衡
各資產的佔比。

改變不會突如其來，是日復一
日的習慣累積。要重掌投資主
導權、達致財務自由，我
們便要制定清晰的時
間表，將投資融入
日常生活。

資衡合一　持之以恒

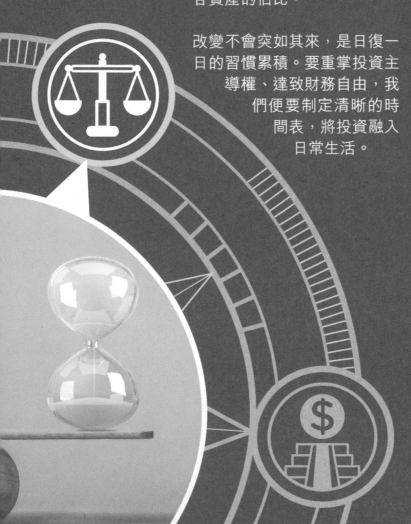

1 按年齡調整 槓桿比率

投資是一場馬拉松，是一個長期而持續的過程。本章將介紹期間的注意事項，幫助讀者檢討、調整、執行理財大計。

本文先講解如何按不同人生階段的風險承受能力，適當地調整投資組合。籠統來說，年輕人士的投資年期較長，能夠承受金融市場的起跌，投資組合可以較為進取。將近退休人士的投資年期則較短，沒有足夠時間彌補投資損失，難以應對周期轉變，因此應盡量減低投資風險。

隨年齡增長降低投資風險

香港積金局的預設投資策略（Default Investment Strategy），正正根據按年齡降低投資風險的理念而設計，可惜在執行上，有一個重大缺陷。

預設投資策略先為年輕的計劃成員，投資較為進取的核心累積基金（Core Accumulation Fund）。到成員50歲至64歲時，便逐步減持核心累積基金，並相應增持風險較低的65歲後基金（Age 65 Plus Fund）。

當中，核心累積基金的設定，跟隨傳統的60/40股債組合。前文已指出，這組合看似平衡，其實風險嚴重傾斜向股票，實際上是賭經濟會強勁增長，利好股票。至於65歲後基金，則配置20%股票，80%債券。風險傾斜向債券，變相上是賭經濟增長會放緩。

這有什麼問題呢？假若投資者不幸在年輕時遇上經濟不景氣（股票表現差），而年長時卻適逢經濟急速增長（債券表現差），那麼，預設投資策略便會諷刺地大幅增加投資風險，並降低回報。假設1997年時，你因為年輕，而被預設為持有較多股票的話，你就會蟹足十年。又例如，2009年時，你將近退休，預設投資策略幫你重倉債券，你便會錯失其後十年的股票牛市。

本書一直強調，理想的投資方法，是先設定合適的資產配置，以分散風險，再透過槓桿，調節組合的預期回報及波幅至可接受水平。配合按年齡調整投資風險的原則，投資者可在年輕時運用槓桿分散投資，再每年調低槓桿比率，以減低風險。舉例來說，投資者在30歲開始投資時，可以兩倍槓桿操作「全天候策略」。其後每年調低槓桿三個百分點。到63歲時，槓桿水平就會降至1倍，亦即沒有槓桿。

正確理解4%法則

累積了財務自由所需的財富之後，是否就不需要再投資呢？聰明的讀者會記得財務自由的目標金額，是按所謂「4%法則」計算的，即是將年支出除以4%。當中，4%指的是安全提取率（safe withdrawal rate），即每年可以放心地從戶口中提取金錢、而不

會耗盡本金的比率。

4% 這個神奇數字，出自財務顧問 William Benge 在 1994 年發表的文章 *Determining Withdrawal Rates Using Historical Data*。根據歷史數據，股票及債券的回報，分別約為每年 10% 及 5%，通脹為 3%，傳統 60/40 股債組合的每年實質回報便是 5%。理論上，投資者每年可以從戶口中提取 5% 作生活開支，而不損耗本金。不過，平均數還平均數。William Benge 認為，投資回報會有起伏。如果不巧退休才遇着大跌市，之後可以提取的金額，就會大幅減少。即使其後市況轉好，也會因本金大減而無福消受。因此，他建議大家保守一點，只提取 4% 金額。

由此可見，4% 法則對投資回報及通脹都有特定預設。因此，除非通脹低到只有負 4%，令每年實質回報達 4%，否則，完全不投資是不可能應付 4% 的提取率。為免坐吃山空，退休後仍然需要投資。

制定退休投資計劃

好消息是，假如讀者功力深厚，能夠做到 10%，甚至是 20% 的每年實質回報率，那麼，大可以把 4% 法則改成 10% 法則或 20% 法則。按之前的理財計劃案例，假如年支出為 18.4 萬元，那麼，要達至財務自由，在 4% 法則下需要累積 460 萬元，但在 10% 法則下，則只需 184 萬元。

視乎退休後的預期回報，投資者應調整財務自由的目標，以確保

財富足以應付未來開支。附圖5.1是「全天候財務自由規劃」試算表「退休投資計劃」，針對不同的回報及通脹假設，幫助讀者計算財富可以應付多少年的開支。

圖 5.1：評估退休投資計劃

淨財富	4,600,000		
每年支出	184,000		
預期每年平均通脹率	3.0%		
預期每年平均回報率	3.0%		
足夠應付開支年期	26		

年期	淨財富	支出	年終價值	入不敷支?
1	4,600,000	184,000	4,554,000	0
2	4,554,000	189,520	4,501,100	0
3	4,501,100	195,206	4,440,927	0
4	4,440,927	201,062	4,373,093	0
5	4,373,093	207,094	4,297,193	0

退休開支
一目了然
https://bit.ly/3ZKxBkh

先假設每年回報及通脹同為3%，那麼，財富就只能夠應付26年的開支。但如果將每年回報提升到7%，即達到4%的每年實質回報，那麼，財富在有生之年都不會耗盡。作為一個參考，「全天候策略」在2007年至2022年的每年平均回報約為6%，在3%的通脹假設下，財富可以應付49年的開支。

讀者或會擔心如何製造現金流，定期提取資金。其實，廣泛投資美國股市的VTI會按季派息（3月、6月，9月及12月），而美國國債ETF，更是每月派息。如果不夠，投資者也可以隨時賣出組合內的資產。反正資產配置，本來也要定期作再平衡，以確保組合內各項資產的佔比不變。

值得強調的是，分散投資的「全天候策略」，對經濟前景保持中性，買賣時機對組合的表現，影響不大。對比講求選股、擇時的投資方法，彈性明顯較高。另外，波幅低、回報穩定，加上成本低、透明度高，特別適合退休之後一直使用，以便每月定額提取資金，同時繼續投資。

2 再平衡操作 實踐低買高賣

再平衡是長線投資的重要操作。透過賣出表現較好的資產、買入表現較差的資產，來保持組合內各項資產的佔比不變，令原有策略得以維持。

不是説「有智慧不如趁勢」嗎？為何反而要賣出表現較好的資產？

因為，無人能預知趨勢何時會逆轉。如果準確捕捉趨勢如此容易，「股神」早已滿街可見。何況大市一直有均值回歸的現象（mean reversion），即當價格波動至高位或低位後，就會回歸至平均值。因此，組合再平衡，可以理解為見好就收，不執着賺至最後的一分錢。

每半年或一年，檢視投資組合的表現，再平衡各項資產的佔比，就可以做到投資者夢寐以求的低買高賣，同時實踐畢非德所説的，「別人貪婪時恐懼，別人恐懼時貪婪」，有何不好呢？此外，謹遵一定的規則操作，亦有助減少情感和偏見的影響，避免沉迷於估買賣時機的考眼光遊戲。

持續再平衡　調整資產佔比

投資組合再平衡的另一重要作用，是為了維護投資策略的原本設計，防止組合的風險敞口遠超預算。分散投資的資產配置，力求對經濟前景保持中立。可是，隨着資產價格變動，組合內各資產的比重會有所更改，令投資組合傾向特定經濟狀況。平衡是一個動態概念。每當情況變改，我們自然要作出適當調整，才能繼續穩步前進。

以過去30年的數據作回測，假設沒有進行再平衡操作，傳統的60/40股債組合的股票佔比，會上升至89%，大幅偏離60%的原設，顯著增加組合的股票風險。但如果每年都作再平衡，投資組合的波幅就會較細、最大跌幅會較小，同時夏普比率亦較為理想。由此可見，再平衡對維持策略績效，何等重要。

為資產佔比設上下限

理論說完，實際如何操作？

最簡單的再平衡操作，是以原定策略為基準，定期（例如每半年或一年）重組投資組合的各項資產佔比。這樣做雖然十分方便，但略嫌隨意，如果撞正大型基金再平衡的日子，操作成本更會上升。何況資產價格，不時會大升大跌。因為日子未到，就坐視不理，並非合理的財富管理方式。

較好的做法，是按需要而做，不限日子。我們可以為組合內各資

產佔比，設定上限及下限。一到限額，就減持或增持有關資產至原來的比重。這既能控制組合風險，亦有助把握資產價格大幅波動的機會。

值得留意的是，假如上下限設得太窄，再平衡操作便會較為頻繁，交易成本亦較高。反之，太闊的上下限，則會令組合大幅偏離原訂投資策略。研究顯示，理想的上下限，大致為資產佔比的20%。回測結果指出，這對提升投資表現的效果，遠較定期再平衡為佳。

以「全天候策略」為例，組合包括30%美股、40%美國長年期國債、15%美國中年期國債、7.5%商品、7.5%黃金，共5項資產。按每項資產的上下限各為其佔比的20%計算，股票佔比的上下限分別為36%及24%。

當組合內其中一項資產的佔比超出限額，再平衡操作可細分為三種（見附圖5.2）：

（一）為整個組合作再平衡。若美股佔比高於36%的上限，而美國中年期國債則低於12%的下限，便將所有資產再平衡至原定佔比。即使其他資產的佔比並沒有超出其上下限，亦同樣需要調整至原來設定；

（二）只為超出限額的資產作再平衡。假設美股及美國中年期國債超出其上下限，便為兩者作再平衡，調整佔比至限額內，其他未超出限額的資產則毋須作再平衡。

（三）只為超出限額的資產作再平衡。不過，有別於第二種做法，這是將其佔比調整至原來設定，而非僅至上下限內。

圖 5.2：「全天候策略」各項資產的再平衡操作

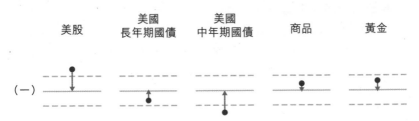

一項資產超出限額，所有資產需再平衡至原定佔比。

只將超出限額的資產，再平衡至上下限內。

只將超出限額的資產，再平衡至原定佔比。

- - - 資產佔比上下限　——— 原定佔比

比較上述三種再平衡操作，第一種做法的好處是能夠確保所有資產的佔比不變，緊貼原訂投資策略，不過每次都要為整個組合作再平衡，交易成本會較高。至於第二種做法，交易成本較低，但剛剛調整至上下限內的資產，可能很快又要做再平衡，頻密交易令人煩擾。第三種做法為中庸之道，只調整超出限額的資產至原定佔比，同時容許資產佔比有一定的浮動空間，有效地以較低的交易成本維持原訂投資策略。

除了將超出限額的資產，調整至上下限或是原定佔比，還有一種方法，是將資產再平衡至這兩者之間的特定水平（例如上下限與原定佔比的一半）。這方法同樣容許資產佔比有浮動空間，但可能會像第二種方法般，出現頻密的交易，執行上還是第三種較為簡單可取。有興趣了解不同再平衡操作的讀者，可參考 *Opportunistic Rebalancing: A New Paradigm for Wealth Managers*。

3 投資規劃需顧及回報序列風險

大眾談論投資規劃，往往着眼於回報率，絕少考慮回報序列（sequence of returns）的影響。假如是一筆過（lump sum）的投資，回報率的次序是先高後低，還是先低後高，並不影響投資結果。問題是，退休儲蓄多以定期供款形式進行。投資的最終結果，會嚴重受先甜後苦抑或先苦後甜左右。特別是數以十年計的退休計劃。

在財富累積階段（accumulation phase），資產表現當然最好先低後高。由於投資初期本金較少，即使遇到大跌市，也不會太傷。之後，隨着資金不斷累積，假如投資表現愈來愈好，便能享受最大的資產增值。

相反，在退休享福之時，即財富提取階段（decumulation phase），回報率就最好先高後低，以減少資產損失。

不過，世事豈能盡如人意，萬一回報序列倒轉，就算預期回報多高，也只會是夢一場而已。為了提升長遠投資規劃的勝算，本文將分享兩個應對回報序列風險的方法。

方法一：分散投資減低回報波幅

第一個方法，是本書一直強調的分散投資。其優點之一，即減低回報波幅，正是應對回報序列風險的關鍵。回報波幅愈低，回報序列對投資結果的影響，就會愈少。回測結果顯示，「全天候策略」回報率的每年平均波幅，不及標普500指數一半。投資最終結果的不確定性，因而大大減低。

無論是在財富累積抑或提取階段，分散投資都可以確保穩定回報，減低回報序列風險。

方法二：調整槓桿對沖風險

除了分散投資，善用槓桿是減低回報序列風險的另一妙法。在財富累積階段，回報最忌先高後低。因此，只要在年輕時運用槓桿投資，再每年調低槓桿比率，便能有效對沖回報序列的風險。這亦符合隨齡降險的原則。

不過，這個方法並不適用於財富提取階段，因為此時最忌回報先低後高。除非每年增加槓桿投資，否則有關回報序列風險，將不能夠被抵消。但誰會倒行逆施，為了應對回報序列風險，反而在年老時增加投資風險？

總括而言，我們應趁年輕時有能力承受波幅，以小博大，滾存財富；年長時則以穩定為重，力保不失。按年齡降低槓桿，可以把一生承受的波幅，調節得較為平均。配合分散投資，更可將一時市旺市差對退休計劃的隨機影響，減到最低。

4 蒙地卡羅模擬法 全面評估理財規劃

承接前文有關回報序列風險的討論，本文將進一步分析回報波幅對投資結果的影響，幫助讀者全面評估投資規劃的成功率。

回顧過去半個世紀，標普500指數大漲大跌，才是常態。其每年平均波幅，高達15%。年度回報，介乎正負37%。最大跌幅在2008年金融海嘯時，更高達51%。所謂的平均回報，即8%至12%的升幅，要長達約15年才出現一次。反而上升超過20%，或者下跌逾10%，每兩年就發生一次！

圖 5.3：標普 500 指數每年回報分布

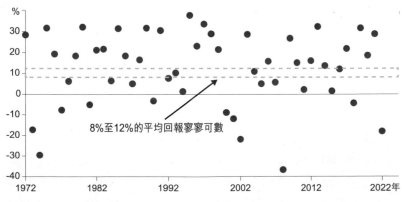

資料來源：Portfoliovisualizer.com

平均五呎深的河流，可以淹死六呎高的人。上上落落，波幅熬人，不但令投資者難以堅守原訂策略，亦會影響投資規劃的勝算。真正考驗投資者的，從來都是波幅。這正是為何分散投資，比起只押注標普500指數，更加適合大眾。

要做好投資規劃，我們就不能單單追求高回報，而要充分考慮回報波幅的影響。蒙地卡羅模擬法（Monte Carlo Simulation）提供的概率分析，可以補足平均回報的盲點，作出更可靠的預算。

什麼是蒙地卡羅模擬法？

這個方法是以大量的隨機抽樣，來模擬不同可能出現的情況，從而計算特定事件發生的機率。根據大數法則，模擬次數愈多，結果就會愈準確。

用於投資規劃，讀者可以簡單想像成將過去一段時間內的年度回報，隨意組合，例如是先高後低，先低後高，然後計算不同情況對投資結果的影響（即回報序列風險）。

蒙地卡羅模擬法不只分析回報序列風險，還會按歷史數據，計算回報率的概率分布，如平均回報及回報波幅，並根據有關分布隨機模擬投資結果。此外，我們亦可以輸入不同假設，評估特定概率分布下的投資結果。

概率分析 修正盲點

以下將講解如何利用Portfolio Visualizer的Financial Goals（https://www.portfoliovisualizer.com/financial-goals），來進行模擬運算。附圖5.4為蒙地卡羅模擬工具的頁面。於Planning Type（計劃類型）選擇單一階段（Single stage）後，讀者需要輸入初始金額（Initial Amount）、模擬年期（Simulation Period in Years）、組合資產（Portfolio）、財務目標（Financial Goals）。其餘資料，按基本預設即可，例如回報及通脹按歷史數據模擬、每年作出再平衡等。

圖 5.4：蒙地卡羅模擬工具使用簡介

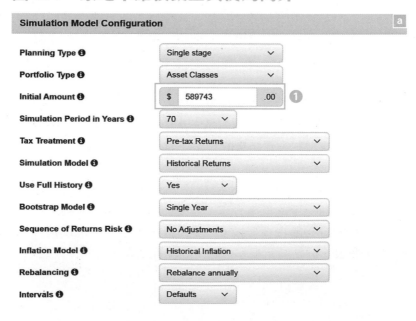

Starting Portfolio	Ending Portfolio	Financial Goals		b

Start Portfolio 🗑 ⚙▾   填寫投資組合   **Allocation**

Asset 1	US Stock Market ⌄	30 %
Asset 2	Long Term Treasury ⌄	40 %
Asset 3	Intermediate Term Treasury ⌄	15 %
Asset 4	Commodities ⌄	7.5 %
Asset 5	Gold ⌄	7.5 %
Asset 6	Select asset class... ⌄	%
Asset 7	Select asset class... ⌄	%
Asset 8	Select asset class... ⌄	%
Asset 9	Select asset class... ⌄	%
Asset 10 (Add More)	Select asset class... ⌄	%
Total		100 %

Starting Portfolio	Ending Portfolio	Financial Goals	填寫財務目標	C

Goal #1	FIRE	Remove ②	剔選「按通脹調整」
Type	Fixed Withdrawal ⌄	$ 23590 .00	☑ Inflation Adjusted ❶
Starts	Immediately ⌄		
Frequency	Annually ⌄	Until End ⌄	

資料來源：Portfoliovisualizer.com

參考前文的理財計劃案例，假設初始金額為460萬元（即589743美元，見附圖5.4 a 標示 ❶）、模擬年期（Simulation Period in Years）為70年、每年提取18.4萬元（即23590美元，見附圖5.4 c 標示 ❷）、按「全天候策略」投資，即30%的美國總體股票（US Stock Market）、40%的美國長年期國債（Long Term Treasury）、15%的美國中年期國債（Intermediate Term Treasury）、7.5%的商品（Commodities）及7.5%的黃金（Gold）。按下Run Simulation，便可得出模擬結果（見附圖5.5及附圖5.6）。

圖 5.5：模擬計算各情景下的回報及提取率

Purpose	Type	Starts In	Ends In	Frequency	Times	Total	Success
Goal #1	Withdraw $23,590	Now	69 years	Annually	70	-$1,651,300	28.99%

Total is the sum of expected cashflows in present dollars

Performance Summary

	10th Percentile	25th Percentile	50th Percentile	75th Percentile	90th Percentile
Time Weighted Rate of Return (nominal) 名義回報率	4.14%	4.82%	5.59%	6.35%	7.02%
Time Weighted Rate of Return (real) 實質回報率	1.53%	2.24%	3.07%	3.85%	4.55%
Portfolio End Balance (nominal) 名義組合結餘	$0.00	$0.00	$0.00	$1,288,678	$10,084,469
Portfolio End Balance (real) 實質組合結餘	$0.00	$0.00	$0.00	$247,590	$1,959,448
Maximum Drawdown	-100.00%	-100.00%	-100.00%	-52.82%	-29.97%
Maximum Drawdown Excluding Cashflows	-41.05%	-35.21%	-29.69%	-25.24%	-21.44%
Safe Withdrawal Rate 安全提取率	2.06%	2.65%	3.43%	4.31%	5.14%
Perpetual Withdrawal Rate 永續提取率	1.54%	2.22%	3.00%	3.73%	4.37%

2899 portfolios out of 10000 simulated portfolios (28.99%) survived all withdrawals.

資料來源：Portfoliovisualizer.com

圖 5.6：模擬計算下僅 29% 機會可「永續」財富

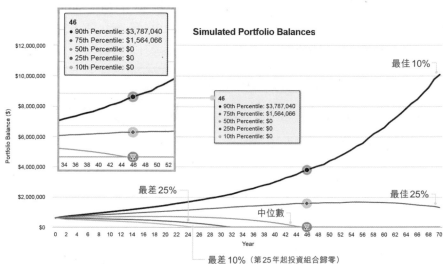

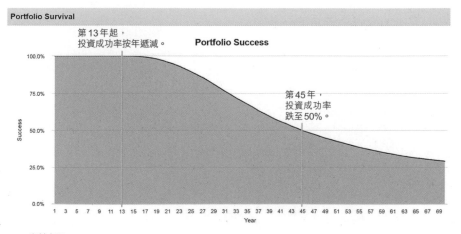

資料來源：Portfoliovisualizer.com

網站會顯示模擬計算使用的數據,即按2007年至2022年的歷史數據計算,「全天候策略」的每年平均回報率約為6%,回報波幅為7.5%,同期每年平均通脹約為2.5%,波幅為1.4%。蒙地卡羅模擬法,會根據有關資料作出一萬次模擬。

附圖5.5的「財務目標」(Goal#1),最右方的成功率(Success)為28.99%,代表網站經過一萬次模擬運算後,上述設定的投資組合有約29%成功率可應付70年的退休生活。下方的表現總結(Performance Summary),列出不同情景,包括最差10%(10th Percentile)、最差25%(25th Percentile)、中位數(50th Percentile)、最佳25%(75th Percentile)、最佳10%(90th Percentile)的分析數據。這些資料涵蓋投資組合的名義及實質回報、模擬完結時的結餘、最大跌幅、安全提取率、永續提取率。當中,安全提取率,即每年可以放心地從戶口中提取金錢、而不會耗盡本金的比率。永續提取率要求更高,務求維持通脹調整後的投資組合結餘不變。

模擬結果指出,只有在最佳25% 的情況下,安全提取率才會高於4%法則的要求(見附圖5.5綠色方框示)。若保守一些,考慮最差25%的情況,安全提取率就只有2.7%,即需要累積更多的財富或者減低開支,才能夠應付漫長的退休生活。附圖5.6的「組合結餘」(Portfolio Balance),可見隨着時間過去,第25年起,此投資組合在最差10%情況下會「清零」,到第46年時,甚至有一半機會出現。只有在最佳25%甚至更好的情況下,財富才會永不耗盡。

網站還會提供投資組合的成功率（Portfolio Survival）（見附圖5.6），顯示此組合在開首12年，成功率可達100%，然後就逐年遞減，到了第32年，成功率跌穿75%；第45年成功率進一步下降至50%。

波幅左右模擬結果

按照之前的理財計劃案例，假如每年回報率為6%、通脹為2.5%，財富理應足以應付62年的開支（見「全天候財務自由規劃」試算表「退休投資計劃」）。不過，一旦考慮到回報波幅及通脹波幅，蒙地卡羅模擬法估算的成功率，就只剩下約三成。由此可見，波幅左右投資規劃何等顯著。

讀者要注意，蒙地卡羅模擬法對投資回報及通脹等假設，都頗為敏感。因此，選取哪一段時期的歷史數據作回測，會令結果有明顯分別。例如，鑑於商品歷史數據不足，我們將其改為投資黃金，可以延長回測時期至1978年。利用較長的歷史數據，我們就會發現，原來上述投資規劃的成功率，去到第62年時，其實高達78%。

因此，筆者建議選用幾套不同的歷史數據及假設，總結一個合理範圍，而不要依賴個別回測結果。同時，成功率達75%至90%，已經十分理想，不必強求100%。估算始終是估算，模糊地正確便可。

作為一個簡單練習，讀者不妨嘗試利用蒙地卡羅模擬法，評估不同情景對財富累積階段的影響，例如高通脹或者高回報波幅。同時，衡量怎樣的投資安排，才能令退休生活更為穩妥。

5 設定提款限額
按表現調整開支

投資回報無法預料。即使考慮了回報序列風險、運用了蒙地卡羅模擬法作出概率分析,仍然難以確保萬全。一旦手風不順、本金受損,之後要追回失利,便十分困難。相信無人會想退休享福一段時間後,被迫重出江湖,打工養家吧。

退休預算是一個持續不斷的過程。除了分散投資及再平衡操作,還需要不時檢討個人需要及投資表現,才能避免本金耗盡。前文多從投資角度出發,探討理財規劃,本文則會就管理開支,補上一筆,提供一個較全面的退休預算。

管理開支,是可控範疇內最重要的一環。其關鍵在於靈活處理,即俗語所謂「睇餸食飯」。

先設上下限 再加入彈性

提取資金應付開支,一般有兩種安排:一是固定金額,二是按投資表現而定。前者雖說是固定金額,但一般會按通脹調整。其最大好處,當然是確保穩定的生活水平。代價是一旦投資表現不如理想,本金就可能會過早耗盡。至於按投資表現而定的提取安

排，無疑能夠保障本金，但對於固定開支較高的人士而言，穩定性就略嫌較低。

筆者建議退休人士中間落墨，混合上述兩種提取安排。具體做法，是就每年的生活開支，設定一個上下限，以保障穩定的生活水平之餘，容許金額在一定程度內按投資表現調整。

舉例來說，一位擁有750萬元資金的退休人士，若按4%法則行事，每年可以提取30萬元。現假設其可接受的上下波幅為3萬元（即開支的10%）。投資萬一不幸出師不利，首年損失12%，那麼該年便只提取27萬元（750萬元×(1-12%)×4%=26.4萬元，低於27萬元的下限）。假若首年投資表現理想，則可以獎勵自己，最多提取33萬元。

較為保守的做法，是「止蝕不止賺」，即投資失利便減少支出，而表現理想時亦不增加開支。如是者，退休人士可以因應投資表現調整開支，同時維持相對穩定的生活水平。

蒙地卡羅模擬法顯示這個安排，能夠大大減低本金過早耗盡的風險。同時，按投資表現調整提取金額，亦有助提升整體回報（即當投資回報率高於平均數時套利，反之則減少提取金額，以受惠於均值回歸）。假如退休人士能夠接受較闊的上下限，好處就更大。

須注意的是，上下限的影響力，並非對稱。一個較低的下限，會大幅增加退休預算的成功率。一個較高的上限，則雖然會降低其

成功率，但影響力較少。總括而言，退休生活時間愈短、投資組合愈進取、回報波幅愈低、要求理財規劃的成功率愈低、提取資金安排愈有彈性，提取金額便可以訂得愈高。

6 靈活運用 退休理財工具

「人人都投資，唔通人人都想投資咩？」不少人的退休理財目標，其實只是保持購買力，而不一定是資產增值。部分人甚至只希望確保有穩定的現金流，以應付基本生活開支。為此，本文將介紹一些投資以外的理財工具，如年金、安老按揭、銀色債券，幫助讀者規劃退休財務安排。

入正題前，容筆者簡單講解最佳強積金投資策略。

強積金宜配置低成本指數基金

強積金對達致財務自由的幫助雖然不大，但積少成多，幾十年的供款，終究也是一筆可觀的財富。可惜，受限於現有基金選擇及透明度不高的基金管理，打工仔根本難以做到真正的分散投資。

折衷之法，是將強積金與個人投資組合合併管理。

鑑於基金收費高昂，投資者宜揀選指數基金，如恒指基金，以便以最低成本，複製整體股市表現。當強積金累積了一定的股票

投資，我們便可以在個人投資組合，相應降低股票佔比。舉例來說，假如投資者的強積金及個人投資組合，分別有10萬元及90萬元資金，並參考「全天候策略」，將30萬元配置於股票。那麼，可以將強積金全數投資於指數基金，並在個人投資組合購買20萬元股票。如此便能確保整體投資，是一個高效的資產配置。

另外，值得一提的是，可扣稅自願性供款，並不如想像中着數。

為鼓勵市民增加儲蓄以備退休，香港政府在2019年4月1日推出了稅務優惠。凡作出強積金可扣稅自願性供款者，可在薪俸稅及個人入息課稅下，申請稅務扣除，每年最多6萬元。以標準稅率15%計算，6萬元的扣稅額，可為納稅人節省9000元。這個安排，似乎十分吸引，但要留意，可扣稅自願性供款與強制性供款一樣，賬戶結餘須保存至65歲才可提取。因此，可扣稅自願性供款是有時間值的機會成本。

自強積金制度實施以來，扣除收費及開支後的年率化回報約為2%。假如閣下自行投資的每年成本，能夠比平均基金開支比率低一個百分點，那麼12年後，所省下的基金費用，其實已經高過扣稅額（60000×(1.03^12-1.02^12)=9451）。換言之，除非投資時間少於12年，否則省下的稅項，根本抵不上昂貴的基金收費。以為得到扣稅優惠，其實蝕了更多給強積金公司。

假如讀者連最簡單的資產配置也不想做，還有什麼辦法可以保障退休生活？

要確保每月都有穩定的現金流，最直接的方法，是利用年金計劃，把一筆過現金轉化為定期的年金。

按4%法則，若持續投資，460萬元資產可應付每年18.4萬元的支出。那麼，直接將460萬元資產轉為年金，又是否可行呢？根據香港年金計劃，60歲的男士每投保100萬元，每年保證的年金金額為6.12萬元。投保460萬元，每年便可收取28.152萬元，遠高於所需支出（要注意，由於女性的壽命一般較男性長，所以年金金額會較低。每投保100萬元，每年的年金金額為5.64萬元）。

購買年金須留意通脹風險

這個計劃的優勝之處，在於保障終身，免除長壽風險（longevity risk）。不過，它有一個重要的盲點：通脹風險。假如通脹較高，達每年4%，那麼12年後，年支出便會高於年金金額。即使利用過去12年的儲蓄填補差額，到了第22年依然會捱不下去。第23年時，年支出更將上升至44萬元。屆時，年金只能應付六成多的開支。在這情景下，除非擁有其他收入來源，否則生活質素難免大幅下降。

不過，倘若通脹較低，例如每年只有2%，受保人便能安心生活至102歲。換言之，只要通脹較為溫和，退休人士即使不懂投資，也可以安享晚年。於「全天候財務自由規劃」試算表「香港年金計劃」內，示範了上述的年金計算（見附圖5.7）。

圖 5.7：香港年金計劃的通脹風險評估

淨財富	4,600,000
每年支出	184,000
預期每年平均通脹率	4.0%
足夠應付開支年期	22

年金收支
一開即睇
https://bit.ly/3YLzjjV

坊間其他年金計劃，各具特色。例如是提供按通脹調整的年金，或是具備投資成份的年金。同樣稱為年金計劃，但實際條款，分別可以很大，投資者宜多加留意詳細內容。一個簡單的原則，就是保障愈多，成本愈高（即回報率或每月現金流愈低）。要記得，穩定安全是要付出代價的。

安老按揭又住又拎

購買年金需要擁有一定的儲蓄，但如果全副身家押在一層樓中，又可以怎樣做呢？其實，業主可以透過逆按揭，將物業抵押，以獲得終身的現金流。

根據安老按揭計劃，選擇單人借款及終身年金的60歲人士，抵押價值每100萬元的物業，每月可收取2000元年金。以460萬元的物業為例，每年的年金金額為11.04萬元。同等資產計算，香港年金計劃所提供的每年年金，為28.152萬元。表面上，安

老按揭計劃的金額低得可憐，可是不要忘記，提取安老按揭貸款後，業主仍然可以居住於原有物業。只要將樓宇的租值考慮在內，兩者的差距便會大幅收窄。假設租金回報為2.5%，每年的租值便是11.5萬元，再加上年金，總額為22.54萬元。不過，即使計入租值，安老按揭計劃所提供的退休保障，仍然不及香港年金計劃。這是否表示退休人士應該賣樓套現，用來參與香港年金計劃呢？答案視乎通脹而定。

香港年金計劃的最大盲點，為通脹風險，因為年金金額不會按通脹調整。如果通脹高企，年金的購買力就會顯著下降。相比之下，安老按揭計劃的退休保障，約一半為年金，另一半為租值。由於租值一般與通脹同步，因此粗略而言，安老按揭計劃的通脹風險，只有香港年金計劃的一半。換言之，假若通脹溫和，香港年金計劃將較為優勝。反之，則以安老按揭計劃較佳。

圖 5.8：香港年金計劃與安老按揭計劃總收入比較

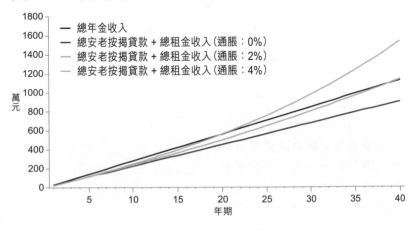

圖 5.9：通脹達 4% 環境下，
安老按揭 20 年後勝年金

年期	香港年金計劃累計所得	安老按揭貸款及租金收入累計所得	安老按揭計劃較為優勝?
14	3,941,280	3,649,170	0
15	4,222,800	3,958,713	0
16	4,504,320	4,276,221	0
17	4,785,840	4,602,014	0
18	5,067,360	4,936,422	0
19	5,348,880	5,279,791	0
20	5,630,400	5,632,479	1
21	5,911,920	5,994,858	1
22	6,193,440	6,367,317	1
23	6,474,960	6,750,257	1
24	6,756,480	7,144,099	1
25	7,038,000	7,549,279	1

安老按揭
一開即計
https://bit.ly/3YHgAGd

如附圖 5.8 所示，當通脹為零，總年金收入會遠高於安老按揭貸款及租金收入的總和。假如通脹為 2%，兩者的累計收入將在 40 年後打和。但如果通脹高達 4% 的話，20 年後，安老按揭計劃將勝過香港年金計劃。詳細計算，可參考「全天候財務自由規劃」試算表「安老按揭計劃」。

除了香港年金計劃及安老按揭計劃，香港按揭證券有限公司亦有推出保單逆按計劃（合稱退休三寶）。它與安老按揭計劃一樣，是一項貸款安排，只不過抵押品為壽險保單而非物業而已。兩項計劃的安排相若，細節從略。

總括而言，年金、安老按揭及保單逆按的吸引之處都是保障終身，免除長壽風險（壽命愈長，回報愈豐），但同時面對不同程度的通脹風險。須留意的是，安老按揭計劃及保單逆按計劃都屬於貸款安排，貸款的總結欠以複息計算，另涉及按揭保費。假如借款人想贖回抵押物業或壽險保單，有關費用將高於總共收取的年金收入。讀者如有興趣了解更多退休三寶的細節，可查閱相關網站，網址已列於「全天候財務自由規劃」試算表「實用連結」。

銀色債券年期短發行額低

最後，香港金融管理局發行的銀色債券，有助銀髮一族保持財富的購買力。銀色債券設有4厘的保證回報，並與通脹掛鈎，每6個月支付利息一次，為長者提供穩定的回報。美中不足的是，其年期較短，只有3年，同時發行總額亦不多，對擁有過百萬資產的人士而言，屬杯水車薪。以2022年發行的銀色債券為例，每名長者最多只獲分配21萬元。

平衡取捨個人需要

上述各項理財產品，可以滿足年長人士的不同需要。要確保每月都有穩定的現金流，免除長壽風險，可善用退休三寶。若旨在保持購買力，可以認購銀色債券。

退休三寶中，安老按揭計劃及保單逆按計劃，特別適合流動資產較少人士，幫助他們將固定資產轉化為穩定的收入，更有彈性地作出財務規劃。

理財產品，各有利弊。退休人士宜視乎個人需要，平衡取捨，並靈活地配搭使用。例如，將部分資金繼續投資，以追求一定的資產增值，並利用餘下部分購買年金，保障最基本的生活開支。有樓一族，既可參與安老按揭計劃，亦可考慮大屋搬細屋，騰出一些資金以備緊急需要，再將細屋作逆按揭。

7 年月日執行 投資計劃

「知是行之始,行是知之成。」

理論一日不實踐,一日都只是紙上談兵。唯有行動,才能將認知轉化為現實,並幫助我們了解自己的不足之處、持續改進。筆者在《信報》的專欄名為「資衡合一」,正是取自「知行合一」,一方面提倡平衡分散的資產配置之道,另一方面強調理論與實踐並重。

制定清晰、具體的時間表,能把理論變成日復一日的行動,並融入日常生活習慣當中。就本書介紹的投資系統,讀者可參考以下時間表,加以實踐。

每年回顧投資表現 制定部署

一年之初,當回顧投資表現,訂立來年目標。讀者可按筆者設計的試算表「全天候財務自由規劃」,更新收支及資產負債情況,以重新評估理財目標,並檢討個人投資計劃及強積金的長遠安排及進展,相應調整投資組合及槓桿比率。同時,可考慮投放新資金,或者提取資金應付生活開支。想更全面地審視投資規劃,可

利用前文介紹的蒙地卡羅模擬法。

如有意作戰術性資產配置，可根據本書第四章的周期更迭框架，詳細評估當時的經濟及債市周期，並利用情景分析，制定資產調配、注碼增減的年度部署。

每月審視策略　每周分析數據

年度部署旨在擬定方針。讀者每月仍須跟進最新的經濟狀況及貨幣政策發展，如領先經濟指標及央行會議決策，以確保資產配置仍合時宜。

周末沒有交投，是回顧一周市況變動的最佳時間。我們應檢視資產價格有否觸及投資部署（例如再平衡或止蝕）。如有需要，安排在下周的交易日落盤。另外，貼市的投資者，可在周末分析最新的經濟數據及市場發展，同時留意下周有什麼重要的財經事件（讀者可參考Investing.com的財經日曆：https://hk.investing.com/economic-calendar/）。

每日指定時間看市　切忌盯盤

每天只在指定時間查看市況。當資產價格觸及投資部署，便果斷執行。同時，必須避免因為一兩單新聞，就貿然更改投資決定。

讀者宜在開市後的一小時才看市，以避開市況最為波動的時間。亦切忌盯盤，每天用最多5分鐘已經足夠。須知道，資產配置為

長線投資策略，而非短線炒賣。如果擔心價格異動，善用財經圖表平台的價格提醒（price alert）便可。

如是者，每月數小時，即可做到高效資產配置，享受穩定的資產增值。

先儲後花　培養良好理財習慣

此外，讀者亦應培養良好的理財習慣，例如出糧後先將部分薪金撥作儲蓄或投資、記錄及檢討每月收支情況、優先清還高息貸款等。

為了準確執行時間表，我們應就各個事項訂下具體細節，如時間、地點、行動，並在個人日曆設定提醒通知。

培養習慣的要訣，是讓提示顯而易見、讓習慣有吸引力、讓行動輕易而舉、讓獎賞令人滿足，並不斷重複此過程。讀者如有興趣了解更多，可參考《原子習慣》（*Atomic Habits: An Easy & Proven Way to Build Good Habits & Break Bad Ones*）。

改變不會突如其來，是日復一日的習慣累積。大部分人都高估自己在短期內能完成的事情，但卻低估長期能取得的成就。須知道，你每天持續做什麼，一個月、一年後，你便會變成什麼。我們既然要做自己的財富經理，重掌投資主導權，便也要做自己的教練，培訓自己成為優秀的投資者。

8 撰寫投資筆記 修身自省

本書先後講解了資產配置的方法、工具及策略，最後在此分享一個看似老套，卻極為有效的方法，幫助讀者持續提升投資表現。

這個方法就是撰寫投資筆記。

投資的基礎，在於建立一套系統，以客觀準則行事，而非憑藉感覺。一次半次的分析是對是錯，並不重要。重要的是穩定一致，確保每一個決定都有根有據，以防止自己在自由買賣的市場上任意妄為。

記錄投資理據 檢討成敗因由

寫投資筆記的一大好處，正是強迫自己認真思考每一次投資，清楚列出每一項根據。投資者應詳細記錄每項買賣的原因、交易價格、時間、最終盈虧，以至是落盤當刻的心理狀態。同時，預先規劃不同情景的應對策略，例如什麼情況下應該加注、止賺、止蝕。這有助戒除率性而為、「買咗先算」的壞習慣，並避免受一時的短期波動，而被市況牽着走。

承上題，投資筆記可以幫助我們審視最新市況變化，反思當初買賣的原因，是否依然成立。市況愈亂，心情愈慌，就愈需要停下來檢視筆記，而非自亂陣腳、亂出亂入。

投資大師彼得林治（Peter Lynch）曾比喻投資筆記為令人回味無窮的情書：它能夠提醒我們當初為何愛上這間公司，之後又是為了什麼原因移情別戀。

另外，投資筆記亦有助檢討往績，分析每項交易的成敗原因，並對比思、言、行是否一致，以確立長線優勢。人類的記憶，絕不可靠，例如往往選擇忘記失敗的痛楚，只記下成功的快感。投資筆記可以幫助我們坦誠地面對自己，承擔責任，並將焦點放在客觀的買賣理據，停止將自尊心投射於投資之上，盲目抱怨為何市場總是和自己對着幹。

開始撰寫投資筆記後，讀者可以嘗試一個小挑戰：每半年或一年，回顧自己的投資表現能否跑贏大市，甚至是勝於「全天候策略」。假若跑輸大市，便應考慮減少注碼，並將之轉為被動地投資大市的指數ETF或「全天候策略」。對賭性甚強、自信過人的投資者，這個小挑戰既可鞭策自己，亦可強迫自己轉換至表現較佳的策略，以提升投資表現。

擺正心態　學習贏家思維

常言道：心態決定境界。我們的內心劇場，不時上演恐懼與貪婪的掙扎。最困難的往往不是分析市況，決定資產配置、注碼增

減，而是調整心態，穩定執行屬於你的投資計劃。一些常見的投資心理盲點，包括貪勝不知輸、價升貪、價跌驚、不肯認錯止蝕。讀者如有興趣學習長期贏家的思考方式，可參考經典著作 *Trading in the Zone*。

撰寫投資筆記，是一個持續與自己對話的過程、一個修身自省的歷練。起初不要太介懷一兩鋪的輸贏，只務求從錯誤中學習，不停進步。我們不應視錯誤為失敗，反而要珍惜寶貴的成長機會。正如達里奧所言：痛苦＋反省＝進步。沒有挫敗，就沒有成長。複息效應並不限於投資回報，更適用於個人成長。試得多、跌得快，自然能夠急速進步。

友人曾問筆者為何學習投資，當時我答道：學投資就是學做人，是一場修道。友人一笑置之，不知讀者又作何感想？

作　　者	司徒偉傑	
編　　輯	黃詠茵	
設　　計	陳詠敏	
出版經理	李海潮	
圖　　片	作者提供、iStock	
圖　　表	信報出版社有限公司	

出　　版　　信報出版社有限公司　HKEJ Publishing Limited
　　　　　　香港九龍觀塘勵業街11號聯僑廣場地下
電　　話　　(852) 2856 7567
傳　　真　　(852) 2579 1912
電　　郵　　books@hkej.com

發　　行　　春華發行代理有限公司　Spring Sino Limited
　　　　　　香港九龍觀塘海濱道171號申新証券大廈8樓
電　　話　　(852) 2775 0388
傳　　真　　(852) 2690 3898
電　　郵　　admin@springsino.com.hk

　　　　　　台灣地區總經銷商
　　　　　　永盈出版行銷有限公司
　　　　　　台灣新北市新店區中正路499號4樓
電　　話　　(886) 2 2218 0701
傳　　真　　(886) 2 2218 0704

承　　印　　美雅印刷製本有限公司
　　　　　　香港九龍觀塘榮業街6號海濱工業大廈4樓A室

出版日期　　2023年4月　初版

國際書號　　978-988-75278-9-3
定　　價　　港幣168 / 新台幣840
圖書分類　　金融理財、工商管理